钟泰
著作集

理学纲领

上海古籍出版社　　　钟泰／著　　钟斌　李阿慧　杨立军／整理

图书在版编目(CIP)数据

理学纲领 / 钟泰著；钟斌,李阿慧,杨立军整理
. —上海：上海古籍出版社，2024. 5
  ISBN 978-7-5732-1115-6

  Ⅰ.①理… Ⅱ.①钟… ②钟… ③李… ④杨… Ⅲ.
①理学－研究 Ⅳ.①B244. 05

中国国家版本馆 CIP 数据核字(2024)第 076728 号

理学纲领

钟　泰　著

钟　斌　李阿慧　杨立军　整理

出版发行　上海古籍出版社
地　　址　上海市闵行区号景路 159 弄 1－5 号 A 座 5F
邮政编码　201101
网　　址　www. guji. com. cn
E-mail　guji1@guji. com. cn
印　　刷　上海惠敦印务科技有限公司印刷
开　　本　787×1092　1/32
印　　张　2.75
插　　页　2
字　　数　48,000
版　　次　2024 年 5 月第 1 版　2024 年 5 月第 1 次印刷
印　　数　1—2,100
书　　号　ISBN 978-7-5732-1115-6/B・1382
定　　价　24.00 元

如有质量问题,请与承印公司联系

目　　录

序

　　清姚姬传以谓学有三类：曰义理之学，曰考据之学，曰辞章之学。实则宋儒已有此说，伊川曰："古之学者一，今之学者三，异端不与焉。一曰文章之学，二曰训诂之学，三曰儒者之学。欲趋道，舍儒者之学不可。"伊川亦尝论"今之学者歧而为三：能文者谓之文士，谈经者泥为讲师，惟知道者乃儒学也。"此谓文章、训诂、儒者，即姚氏所谓辞章、考据、义理也，然亦有不同，姚氏之说乃将学问分开言之，意无轩轾，而程子之言则可见轻重本末之不同，盖以儒者之学为本，而文章、训诂仅为儒学之一端而已。顾程子之说，亦有所本，周子《通书》云"圣人之道，入乎耳，存乎心，蕴之为德行，行之为事业，彼以文辞而已者，其陋矣。"陋第三十四。此亦后文辞、先圣学。荀子《劝学篇》云："君子之学也，入乎耳，著乎心，布乎四体，形乎动静，端而言，蝡而动，一可以为法则。"是又濂溪之所本也。荀子为儒学大宗，论性与孟子虽有不合，要由之以学孔子，则亦庶乎可矣。至姚氏之谓义理亦有所据，横渠曰："义

1

理之学,亦须深沉方有造,非浅易轻浮之可得也。"孟子不亦云乎?"至于心,独无所同然乎?心之所同然者,理也,义也。"此义理二字之出处也。

今不曰义理之学,亦不曰儒者之学,而独标理学之名者,何也?夫谓之儒者之学,其名虽正,然无以见宋五子以次诸儒所言理之学独特之处;谓之义理之学,其名又嫌累赘,故简称理学云尔。史家之例,儒林立传,《宋史》于《儒林》之外别立《道学传》,周、张、程、朱以次,诸儒言义理者皆入之,似可证宋儒所言真乃儒者之学,而与西汉以来诸儒所习者异。道学即儒者之学耳,今不取道学之名者,嫌其混淆,颇遭訾议。《隋书·经籍志·史部·杂传》有《道学传》二十卷,无作者名氏,次乎《列仙传》、《寇天师传》及《南岳夫人传》之间,似非吾儒,宜属道家,以是清儒辄诟宋儒为道家之学,故以道学为名不若理学之为切当也。清之治汉学者,亦亟攻理学,以为理字本训条理,自宋儒以来始解作道理字,此实大误。考理训道理,其来甚古,《穀梁传》范宁序云"据理通经",此晋人之说也。朱穆《崇厚论》云"行违于道则愧生于心,非畏义也;事违于理而负结于意,非惮礼也",董子《春秋繁露》对胶西王曰"正其道不谋其利,修其理不急其功",此皆以道理相对而言,而为汉人说也。其在周秦亦可得而征,《吕氏春秋》有《明理》、《过理》两篇,《明理》中言及义理二字,《过理》中亦尝言不适,不适者,不当理也。又《离

序

谓》篇亦云"辨而不当理则伪,知而不当理则诈","理也者,是非之宗也"。韩非《解老篇》云"万物各异理,而道尽稽万物之理",此特以道统理,与董子少异,顾岂得以本训囿之哉!

至考厥本原,始见《易传·说卦》云"穷理尽性以至于命",据此则知宋儒之说盖有所本,曲学拘儒安得妄讥之邪?夫字有本谊,有引申之谊,清儒据本谊以非引申之谊,无乃过乎!由是可知理道之名本可相通,故名曰理学,即尽道学,且不致与神仙家相乱焉。又有谓之性理之学者,明永乐间胡广等奉敕撰《性理大全》,本宋儒之说,凡一百二十家,分为十三目,凡七千卷。此盖据程子"性即理也"之说而主名,今不取性理之名而仍称理学者,亦从简故耳。或又有谓之宋学者,此盖对详于名物故训之汉学而言,窃谓以时代名学术,实有未核。譬犹孔孟之所习谓之孔孟之学则可,谓之周学,庸讵可乎?且自宋以下,代有承受之人,其不能以时代限之,固彰彰矣。即如清儒顾亭林、黄梨洲率以汉学名家,而并治宋学,江慎修亦颇好之,后来如陈兰甫、朱一新诸儒亦皆兼通汉宋,故宋学之名亦亡取焉。洎乎近世,又有称之为哲学者,夫哲学本西土之名,宋儒理学颇若似之。然究其实,绝不相侔。哲学尚知识,严复译为爱知,可证。知之事也,理学重践履,行之事也。体用既殊,名号宜别,故《春秋传》曰"名从主人,奚取于夷狄哉?"清人称章句训诂之学为朴学,考朴学之名,始见

3

于宋儒张南轩《答刘枢密㻑书》，其言曰"自维不敏，窃守朴学"，此盖宋儒所以自称其学也。夫朴非不求人知，潜心自得之谓，又有反之身心之谊，此惟宋儒理学足以当之，若夫外骛于名物象数、典章制度者，是皆道之华而为文之事，奚取于朴哉？清儒之说其然，岂其然乎？据此可知，理学非可宣诸口舌、著之竹帛，惟在学者力行之耳。兹编所述，是其纲领，学者苟能以此为入德之门，躬行勿懈，其亦可以几于圣域矣，得鱼忘筌，不亦歧哉！

凡十二目

正信第一　尚志第二　知本第三　辨义第四　居敬第五　格物第六　乐学第七　尽性第八　理气第九　心性第十　读书第十一　讲学第十二

右十二目，自正信以下八目乃为学之始终，自理气以下四目则区别其名象（相）。

正 信 第 一

　　学自信始,孔子曰"笃信好学,守死善道",子张曰"执德不弘,信道不笃,焉能为有,焉能为无"。可见信为学之根源,此圣贤所以告人者也。至于孔子之所以自道,一则曰"述而不作,信而好古",再则曰"我非生而知之者,好古,敏以求之者也。"凡此皆明信先于好,信之弥坚,然后好之愈笃也。《孟子·滕文公篇》云:"滕文公为世子,将之楚,过宋而见孟子,孟子道性善,言必称尧舜。世子自楚反,复见孟子,孟子曰:'世子疑吾言乎?夫道一而已矣。'"欲其不疑,必使信也,故复引公明仪曰"文王我师也,周公岂欺我哉",所以坚其信也。朱子发此章之谊曰:"近看孟子见人便道性善、称尧舜,此是第一义,若于此看得透、信得及,直下便是圣贤,更无一毫人欲之私做得病痛。"此亦以信得及为言耳。象山曰:"须是信的及方可。"王龙溪曰:"致良知三字,及门谁不闻,唯我信得及。"

　　至所以信者有二:曰信古,曰自信。苟欲臻此,则必道

1

性善而称尧舜,称尧舜所以必其信古,道性善所以固其自信,故曹交问于孟子曰:"人皆可以为尧舜,有诸?"夫性本善也,舜斯何人?予斯何人?有为者,亦若是,故孟子曰然,特告人以性善,莫之或信,乃更引古之圣贤为征,一则曰"尧舜,性之也",再则曰"尧舜,性者也",圣贤之教人,岂不深切著明哉!然则所谓信古者,信古之圣贤也。自信者,信己之可以为圣贤也。若夫今之学者,则又须信宋儒之学为直承孔孟之传者焉。_{程子曰:"学者须要自信,既自信,怎生夺亦不得。"}

《孟子》七篇末章述道统传授渊源,朱子外注引伊川所撰《明道先生墓表序》,以谓先生"得不传之学于遗经,自孟子之后一人而已",其为直承孔孟之传可知,后人于此颇滋疑议,甚无谓也。夫孔孟之后,固不得谓亡承学之人,然终不若宋儒之能得其精微。_{韩文公《原道》云:"轲之死,不得其传。"程子称韩子似有所见。}故信有三焉:一曰信古之圣贤,二曰信己之可以为圣贤,三曰信宋儒之学为直承孔孟之传。士志于学,莫先乎此,伊川答门人曰:"孔孟之门岂皆贤哲,固多众人,以众人观圣贤,弗识者多矣。唯其不敢信己而信其师,是故求而后得,今诸君于颐言,才不合则置不复思,所以终异也。"言之沉痛,今人匪独疑于程朱,抑且乖乎孔孟,敝屣先贤,自是其是,其去程子之徒,盖又远矣。《华严经》云"信为道源功德母",意精言核,可资佐证。马鸣菩萨作《大乘起信论》,盖言大乘必始乎信,第众生知识短,提及大乘,疑不敢信,故必起其信也。孔子亦曰"民无信不立",信之为用,岂不大哉!

今不曰起信,亦不曰立信,而谓之正信者,何也? 夫人皆有信,谓之亡信,宁有当乎? 顾信其所信,各执一端,其是非小大不能无异,异则有争,欲泯其争,必得其正,正犹正统也。吾华自古,咸有所信,始则信天,终则信夫孔孟,信吾民之所当信,故曰正信。且夫信有知而后信者,有信而后知者,此不可不辨也。知而后信,非大贤不能。孔子曰:"吾与回言终日,不违如愚,退而省其私,亦足以发,回也不愚。"又曰:"回也,非助我者也,于吾言无所不说。"是孔门亦惟颜子为能耳。夫知而后信,常人既所不能,其亦必信而后知,庶乎可矣。张子不云乎?"慕学之始,犹闻都会纷华盛丽,未见其美,而知其有美不疑,步步进则渐到,画则自弃也。"今言孔孟之学,譬犹都会纷华盛丽,学者果能不疑而徐进,自可至矣。要之,学者之治理学,是欲由宋儒之阶以入孔孟之室,抑由信乎宋儒而信孔孟,此信之正道也。程子曰:"觉悟便是信。"

3

尚 志 第 二

为学之要，首在立志，志不立譬犹筑室无基，未见其可。第立志又不可不高大，故夫弗辨志之卑隆小大者，亦不可也，其必尚志乎！《论语》言志之处甚多，然其言所志者，要不过三端：曰志于学道，"志于道，据于德"，"士志于道而耻恶衣恶食者，未足与议也"之类。曰志于仁，"苟志于仁矣，无恶也。"曰志于学。"吾十有五而志于学。"曰道、曰仁、曰学，若有不同，实乃一事。夫仁即道也，孟子曰"仁也者，人也，合而言之，道也"。就身外言之谓之道，道犹路也。就切身言之，谓之仁，仁即人也。孔子曰"朝闻道，夕死可矣"，又曰"志士仁人，有杀身以成仁，无求生以害仁。"皆就死生言，非仁非道不能了死生，成仁忘身，闻道可死，斯征仁道相通也已。至所谓学者，学道学仁耳，就学上言谓之学，就学成言谓之道与仁，名号若殊，体用则一也。故知所当志者，惟道与仁，亦惟学道与仁，除此更无二志，不然则未可谓之志矣。其在孟子亦可得而征。

　　王子垫问曰："士何事?"孟子曰："尚志。"曰："何谓尚志?"曰："仁义而已矣。"此谓舍以仁义为志外更无余事矣。特孟子分而言之,谓之仁义,若合而言之,则义统于仁,是与孔子之言若合符节者焉。宋儒亦同此说,伊川曰："莫说道将第一等让与别人,且做第二等,才如此说,便是自弃,虽与不能居仁由义者差等不同,其自小一也。言学便以道为志,言人便以圣为志。"此言更为深切著明矣。夫学者既正其信矣,必有所志焉,尤必以至乎圣贤为志。故曰尚志。周子《通书》云："圣希天,贤希圣,士希贤。伊尹、颜渊大贤也,伊尹耻其君不为尧舜,一夫不得其所,若挞于市。颜渊不迁怒不贰过,三月不违仁。志伊尹之所志,学颜子之所学。过则圣,及则贤,不及亦不失于令名。"志第十。此谓伊尹、颜子之所志所学,而不及孔子者,盖就士言,士希贤耳,若其为贤,则又当希圣矣。或疑周子之言似教人作第二等人,与程子为异,其实周子所指正为第一等人,故曰"过则圣,及则贤"。等差若有不同,只缘功夫浅深有别耳。至其所志,则未尝异也。

　　观两君子之言,学者可不悟乎?顾今之人又何如也?志若立矣,不得谓之无志,然而其所志者卑,则可断言。朱子曰："今朋友之不进者,皆有'彼善于此为足矣'之心,而无求为圣贤之志,故皆有自恕之心,而不能痛去其病,故其病常随在,依旧逐事为流转,将求其彼善于此,亦不可得矣。"

此其志之所以卑下欤?（其信既正,然后其志则尚,若不读孔孟程朱之书,则不能正其信,亦不得尚其志矣。）孔子独取狂狷,孟子亦曰:"何以谓之狂也? 曰'其志嘐嘐然',曰'古之人,古之人'。"盖狂者虽不必至乎圣贤,然若其心志则然,故曰狂者进取。倘欲尚志,其必去彼善于此为足之心,庶乎可也。至人之所以无求为圣贤之志,而有彼善于此为足之心,皆由于知识不及而陷于流俗之故。象山曰:"要当轩昂奋发,莫恁地沉埋在卑陋凡下处。"荀子不亦云乎? "卑湿、重迟、贪利,则抗之以高志。"《修身篇》。尚志者即抗之以高志也。象山又曰:"今人略有些气焰者,多只是附物,原非自立也,若某则不识一个字,亦须还我堂堂地做个人。"此种胸襟,可谓高极。龙川陈氏亮亦尝曰"推倒一世智勇,开拓万古心胸",斯言亦颇有气焰,可以起卑陋之人。象山曰:"此是大丈夫事,么么小家相者不足以承当。"正与明道之言相发,明道曰:"须是大其心,使开阔,譬如为九层之台,须是大做脚始得。"此志之所以必尚也欤!

要之,尚之于志绝不可分,立志必尚,若其不然,则非所当志矣。庄子明小大之辨,老子数告人以大。大曰逝,逝曰反。佛氏亦言发心,称菩萨为大心众生。大心者即尚志之谓也。夫学者欲有所立,则必尚志,欲尚志则又必能脱离卑陋凡下处。乃今之人多未察此,陷溺其中而不能自拔,可不悲乎! 顾其所以陷溺而不能自拔者,畏流俗之毁誉是非耳,若其举世誉之而不加劝,举世非之而不加沮,则自克特立而不复陷于卑陋凡下处矣。孔子曰:"人不知而不愠,不亦君子乎?"又曰:"不患莫己知,求为可知也。"又曰:"古之学者为己,今之学者为人。"今人多务求己知,誉之则喜,非之则怒,若然者何足与言学问,抑何取乎圣贤哉!且夫不以流俗之毁誉是非存之于心者,犹为次焉,尔其必能抗流俗之毁誉是非,始其尚者也。象山曰:"后生自立最难,一人力抵当流俗不去,须是高着眼看破流俗方可。要之,此岂小廉曲谨所能为哉?必也豪杰之士。"

知 本 第 三

　　夫信正而志立，然后须明著手之处做工夫。故程子曰"凡人才学，便须知有着力处，既学，便须知有得力处"，学着力处者何？为学之本也。故学贵知本，知本之说始见《大学》。古之欲明明德于天下者，先治其国。欲治其国者，先齐其家。欲齐其家者，先修其身。欲修其身者，先正其心。欲正其心者，先诚其意。欲诚其意者，先致其知。致知在格物。物格而后知至，知至而后意诚，意诚而后心正，心正而后身修，身修而后家齐，家齐而后国治，国治而后天下平。自天子以至于庶人，一是皆以修身为本。其本乱而末治者否矣。其所厚者薄，而其所薄者厚，未之有也。此谓知本，此谓知之至也。所谓诚其意者，毋自欺也。如恶恶臭，如好好色，此之谓自谦。故君子必慎其独也。小人闲居为不善，无所不至，见君子而后厌然，掩其不善，而著其善。人之视己，如见其肺肝然，则何益矣。此谓诚于中，形于外，故君子必慎其独也。曾子曰："十目所视，十手所指，其严乎！"富润屋，德润身，心广体胖，故君子必诚其意。《诗》云："瞻彼淇澳，绿竹猗猗。有斐君子，如切如磋，如琢如磨。瑟兮僩兮，赫兮喧兮。有斐君子，终不可喧兮！""如切如磋"者，道学也。"如琢如磨"者，自修也。"瑟兮僩兮"者，恂栗也。"赫兮喧兮"者,威仪也。"有斐君子,终不可喧兮"者,道盛德至善,民之不能忘也。《诗》云:"於戏,前王不忘!"君子贤其贤而亲其亲,小人乐其乐而利其利,此以没世不忘也。《康诰》曰:"克明德。"《大甲》曰:"顾諟天之明命。"《帝典》曰:"克明峻德。"皆自明也。汤之《盘铭》曰:"苟日新,日日新,又日新。"《康诰》曰:"作新民。"《诗》曰:"周虽旧邦,其命维新。"是故君子无所不用其极。《诗》云:"邦畿千里,维民所止。"《诗》云:"缗蛮黄鸟,止于丘隅。"子曰:"于止,知其所止,可以人而不如鸟乎?"《诗》云:"穆穆文王,於缉熙敬止!"为人君,止于仁。为人臣,止于敬。为人子,止于孝。为人父,止于慈。与国人交,止于信。子曰:"听讼,吾犹人也。必也使无讼乎!"无情者不得尽其辞,大畏民志。此谓知本。**修身为齐家治国平天下之本,诚意又为修身之本,以修身为本,则齐家治国平天下为末,以诚意为本,则修身又为末。有本必有末,相对而言者也。今所论之本,实异于是。《大学》,乃相对之本,此则为绝对之本,亦可谓为一切之本,盖舍此皆末矣。孟子曰:"且天之生物也,使之一本。"**《滕文公章句上》。**又曰:"原泉混混,不舍昼夜。盈科而后进,放乎四海,有本者如是。"**《离娄下》。**是其义也。宋以后诸儒各主名目,有谓之本领者,象山云:"《论语》多有无头柄底说话,如'知及之,仁不能守之'之类,不知所及所守者何事?如'学而时习之',不知时习者何事?非学有本领,未易读也。苟学有本领,则知之所及者及此也,仁之所守者守此也,时习者习此也,说者说此,乐者乐此,此如高屋之上建瓴水矣,学苟知本,六经皆我注脚。"本者,根本也。领者,如衣之有领。振衣者,必挈其领,为学亦**

然。又有谓之头脑者,阳明《传习录》云:"为学须得个头脑工夫,方有着落。纵未能无间,如舟之有舵,一提便醒。不然,虽从事于学,只做个义袭而取。非大本达道也。"又有谓之欛柄者,白沙陈氏献章《与林缉熙书》曰:"终日乾乾,只是收拾此理而已,此理干涉至大,无内外,无终始,无一处不到,无一息不运,会此则天地我立,万化我出,而宇宙在我矣。《阴符经》云:'宇宙在吾手,万化在吾心。'得此欛柄入手,更有何事?往古来今,四方上下,都一齐穿纽,一齐收拾,随时随处无不是这个充塞。色色信他本来,何用尔脚劳手攘?舞雩三三两两,正在勿忘勿助之间,曾点些儿活计,被孟子打并出来,便都是鸢飞鱼跃。若无孟子工夫,骤而语之似曾点见趣,一似说梦。会得,虽尧舜事业,只如一点浮云过目,安事推乎!此理包罗上下,贯澈始终,滚作一片,都无分别,无尽藏故也。自兹已往,更有分殊处,合要理会,毫分缕析,义理尽无穷,工夫尽无穷。书中所云,乃其统体该括耳。"

凡此所谓"本领"、"头脑"、"欛柄"者,皆大本之殊名。程子曰:"理一而分殊。"朱子曰:"万殊一本,一本万殊。"使为学之初未能得之,徒废工夫,止自贼尔。张伯端《悟真篇》云:"鼎内若无真种子,犹将水火煮空铛。"学而无本,亦犹是也。《记》云"无本不立",旨哉言乎!然则本者恶乎指?谓性焉尔。夫人之可以学至乎圣贤者,即此性此理也。故白沙谓色色信他本来,人性固若是耳,此孟子所以道性善也。明道曰:"不

10

知性善,不可以为学,知性之善而以忠信为本,是曰先立乎其大者。"象山教人亦以立大为言。孔子曰"主忠信",主犹本也。又曰:"言忠信,行笃敬,虽蛮貊之邦行矣。"是知忠信者,生质之美者也,亦人性之本然耳。若《礼器》云:"忠信,礼之本也。"又云:"忠信之人可以学礼。"《论语》:"子夏问曰:'巧笑倩兮,美目盼兮,素以为绚兮,何谓也?'子曰:'绘事后素。'曰:'礼后乎?'"此之谓也。盖礼之本为素,犹受和之甘、受采之白尔。然则孔子主忠信,孟子道性善,其揆一也。孟子道性善,亦与先立乎其大者类焉尔,而程子之言可以尽之矣。《论语》云:"子以四教,文行忠信。"朱子注引程子之言曰"忠信,本也"。足知孔子所说忠信即后儒所谓"本领"、"头脑"、"欛柄",学者必存之而不贰,始可入德。象山曰:"知道则末即是本,枝即是叶。"又曰:"有根则自有枝叶。"又曰:"我治其大,而不治其小,一正则百正。恰如坐得不是,我不责他坐得不是,便是心不在道。若心在道时,颠沛必于是,造次必于是。岂解坐得不是。"

孔子必以主忠信为言者,乃谓舍此无余事也。明人高攀龙曰"论学必以知性为本,论性必以复性为本",然则知本者亦知性之谓也。盖圣贤义理之学皆根于性,不知性,恶能学至乎圣贤?此孟子所以道性善言必称尧舜也。第语性为空言耳,至其为体奚若,于何知之,则非空言所可寻者矣。故宋儒易其名曰仁,此明道程子所以教人识仁也。程子曰:"学者须先识仁,仁者,浑然与物同体,义礼智信皆仁也。"又

11

曰:"仁者以天地万物为一体,莫非己也。识得为己,何所不至?"此明万物备我仁体之大,即白沙"包罗上下、贯澈始终、滚作一片,都无分别"之谓,识寻此理则知性矣。张子曰:"性者,万物之一原,非有我之得私也。"明性即仁也,特性隐难言而仁显易识,故程子舍隐而取显,俾学者知所撙尔。然程子又曰:"人只为自私,将自家躯壳上头起意,故看得道理小了他底,放这身都在万物中一例看,大小大快活。"此非谓性乎?然后知性者必与万物同体,匪独仅及一身。程子曰性即理也,学者可以喻矣,明乎性与万物同体,则可知性,而性亦可以大,夫然后学始有本,然则知本之道,舍夫知性,末由也已。薛敬轩曰:"性非特具于心者为是,凡耳目口鼻手足动静之理皆是也。非特耳目口鼻手足动静之理为是,凡天地万物之理皆是也。故曰:'天下无性外之物,而性无不在。'"

辨 义 第 四

《易·系辞传》云"井以辨义",夫井所以养人者,乃知辨义在养人,所谓养人者,匪独养他而已,亦以自养也。然则养人即生活之谓,辨义须于生活上耳,顾人但知生活之重,而不知义之尤重,可不惑乎! 先儒皆以义利相对,辨义者即所以辨义利之微耳。《论语》云"君子喻于义,小人喻于利",此孔子以义利辨君子、小人也。《孟子》七篇首章,即举义而□利,《荀子·荣辱篇》又以义利辨荣辱,以谓"先义而后利者荣,先利而后义者辱",故知圣贤于义利之微,辨之审矣。

然自三代以下,君子少而小人多,孰不欲利哉! 此其故何也? 盖义利两有,缺一,不能顾视其轻重之分为何如耳。故《荀子·大略篇》云:"义与利者,人之所两有也。虽尧舜不能去民之欲利,然而能使其欲利不克其好义也。虽桀纣亦不能去民之好义,然而能使其好义不胜其欲利也。"又《修身篇》云:"身劳而心安,为之;利少而义多,为之。"夫岂教人尽去利哉。程子不亦云乎:"人无利,直是生不得,安得无

13

利？且譬如椅子，人坐此便安，是利也。如求安不已，又要
褥子以求温暖，无所不为，然后夺之于君，夺之于父，此是趋
利之弊也。利只是一个利，只为人用得别。"然则所谓辨义
者，亦止是辨利之去取耳，利之当取者而取之，亦得谓之义，
不当取者而取之，斯乃为利也。义者，宜也，不宜者，利也。
是故圣贤未尝教人绝利，唯不可害义耳。此孟子所以无取
于于陵仲子也，犹有讥焉。

所谓利者，亦匪专指财利，一念之私皆为利耳。昔赵景
平问伊川曰："'子罕言利'，所谓利者何利？"曰："不独财利
之利，凡有利心便不可。如作一事，须寻自家稳便处，皆利
心也。圣人以利为义，义安处便为利。"所谓"寻自家稳便
处"，便是自私，明利与私最近也。昔明道知扶沟县事，伊川
待行，谢显道良佐将归应学，伊川曰："何不止试于大学？"曰：
"蔡人鲜习《礼记》，决科之利也。"先生曰："汝之是心，已不
可入于尧舜之道矣。夫子贡之高识，曷尝规规乎货利哉。
特于丰约之间，不能无留情耳。且贫富有命，彼乃留情于其
间，多见其不信道也，故圣贤谓之不受命。有志于学者，要
当去此心而后可语也。"因乃止，是岁亦登第。又谢湜自蜀
之京师，过洛而见程子，子曰："尔将何之？"曰："将试教官。"
子弗答。湜曰："何如？"子曰："吾尝买婢，欲试之，其母怒而
弗许，曰'吾女非可试者也'，今尔求为人师而试之，必为此
媪笑也。"湜遂不行。此岂今人所能及哉？夫利，外足以损

人,内足以害己,故君子必于此辨焉尔。

后来张南轩《孟子讲义·序》亦云:"凡有所谓而为者,利也;无所谓而为者,义也。"斯语较程子为尤精,若某一事分明为善,而此心不为此事而作,只是为名为利,即此便为有所谓。程子曰:"虽公天下事,若用私意为之,便是私。"有所谓者,亦即私意云尔。然而以此衡今,孰知义哉!昔有问于程子曰:"第五伦,视其子之疾与兄子之疾不同,自谓之私,如何?"人有问之曰:"公有私乎?"对曰:"吾兄子常病,一夜十往,退而安寝;吾子有疾,虽不省视而竟夕不眠。若是者,岂可谓无私乎?"曰:"不特安寝与不安寝,只不起与十起便是私也。父子之爱本是公,才着些心做便是私也。"若第五伦之所为,亦有所谓者也。即若公孙弘布被脱粟之饭,晏平仲豚肩不掩豆,宁必义哉?亦利而已矣。孔子曰"过犹不及",此之谓也。士志于道,其于义利之微,可不辨乎?

象山曰:"所喻由于所习,所习由于所志。志于义则所习所喻者义,志于利则所习所喻者利。"立志之初,可不慎乎?志之所以必尚者,只是教人以义为志,不得以利为志耳。然则尚志者,尚义之谓也。孟子曰:"鸡鸣而起,孳孳为善者,舜之徒也。鸡鸣而起,孳孳为利者,跖之徒也。欲知舜与跖之分,无他,利与善之间也。"然则欲至乎尧舜,舍义莫由也已。所谓知本者,知性识仁之谓也。所以辨义者,以不义可以贼性害仁也。故知本之后,继以辨义。孟子言养气必及集义,养气与养性止是一事,言集义又必曰行有不得于心则馁,馁则浩然之气不能塞乎天地之间矣。荀子亦曰:"除其害者以持养之。"《经解》亦云:"除去天地之害谓之义。"辨义者,除其害之谊也。

居 敬 第 五

荀子曰："除其害以持养之。"害除然后可以持养。居敬者，持养之道也。《论语·为政》"哀公问章"外注引谢显道之言曰："君子大居敬而贵穷理。"大居敬说，《春秋传》大居正句例来。居敬穷理为宋儒所习言，朱子比之鸟之两翼，车之两轮，废一不可。居敬，或谓之主敬，或谓静周子《太极图说》云："圣人定之以中正仁义而主静，立人极焉。"或谓之持敬用孟子"持其志"之义。今不取主静、持敬之说，而谓之居敬者，厥谊有二：夫谓之主静持敬，有主持时乃敬，不然则不敬矣，谓之居敬，则与之不相离失。无时无处不然，所谓颠沛必于是，造次必于是，无终食之间违之者，此一谊也。又谓之居则可以安，孟子曰："居恶在？仁是也。路恶在？义是也。居仁由义，大人之事备矣。"居何以安仁？孟子又曰："仁人之安宅也。"安宅即安居之谓，居而后得其所安也。此又一义也。

居敬、主静似异实同，后之不知者以此为程周二子讲学宗旨、方法入门之不同，谬矣。盖未之思也。周子《太极图

17

说》云："圣人定之以中正仁义而主静，立人极焉。"自注云："无欲故静。"《通书》亦云："圣可学乎？"曰："可。"曰："有要乎？"曰："有。请闻焉，曰："一为要，一者无欲也，无欲故静。"此征主静犹主一，要当无欲耳。而程子之言敬，则曰"所谓敬者，主一之谓敬，所谓一者，无适之谓一"，与周子之说正同。就心上言则为欲，欲者，心之所之也。就所知言则为适，适，犹之也。故知主静居敬为一也。然则程子舍主静而言居敬，厥故安在？程子曰："敬则自虚静，不可把虚静唤做敬。"盖虑人误以静为寂然不动也。若夫敬则兼动静而言，朱子不云乎："无事时敬在里面，有事时敬在事上。"又曰："二先生案此谓明道、伊川二先生所论敬字，须该贯动静看，方其无事而存主不懈者，固敬也，及其酬酢不乱者，亦敬也。故曰'毋不敬，俨若思'，又曰'事思敬，执事敬'。"主静者，亦止是以静为主，犹必以动为客也。老子曰："静为躁君。"躁犹动也。故周子必曰无欲，故静无欲则一心自有主宰，乃能因物付物，而不至物交物也，宁必寂然不动、若佛氏之摄心坐禅始为静哉！周子言简，易滋误会，程子乃不得不改一名目耳，且《二程语录》云："伊川见人静坐，便叹其善学。"伊川亦尝言："惟静可以入道。"可见主静、居敬名目虽殊，其理则一也。朱子曰："周子说主静正是要人静定其心，自作主宰。程子又恐人只管求静，遂与事物不交涉，却说个敬，云'敬则自虚静'。"

　　"居敬"次"知本"之后者，良以知之后犹必安而存之也。

故孔子曰：“知及之，仁不能守之，虽得之，必失之。”孟子曰：
“存其心，养其性，所以事天也。”程子《识仁说》亦曰：“识得
此理，以诚敬存之而已，则致知之后又要存养，方能不失，盖
致知之功有时，存养之功不息。”明儒胡氏敬斋_{居仁}曰：“一即
是诚，主一即是敬。”_{中庸所以行之者，一也。朱注“一即诚也”。}此
谓诚为本体，敬为工夫。明道曰：“涵养吾一，以诚敬存之。”
伊川亦曰：“涵养须用敬，进学则在致知。”可征二程子论敬
犹涵养也。特明道天资高，好言本体。伊川学力深，好言工
夫。明道之言似不若伊川之着实有力，故后来朱子亦多称
伊川之言以教学者也。然则所谓敬者，又若何而用力邪？
曰：“程子尝以主一无适言之矣，尝以整齐严肃言之矣，尝以
动容貌、整思虑言之矣，又尝言严威俨恪非持敬之道，然敬
须自此入。”至其门人谢氏_{显道}之说则又有所谓“常惺惺法”
者焉_{《大学》注：“虚灵不昧，即常惺惺之谓也。”}尹氏_{和靖}之说则又有
所谓“其心收敛不容一物者焉”。观是数说，足以见其用力
之方矣。至胡氏_{敬斋}则综论之曰：“端庄整肃、严威俨恪是敬
之入头处，提撕唤醒是敬之结宿处，主一无适、湛然纯一是
敬之无间断处，惺惺不昧、精明不乱是敬之效验处。”此集众
说而明辨之，可谓析入毫芒矣。

若夫明儒顾宪成则又曰：“小心之谓敬，取其易了。”以
此推之，则今人所谓注意、紧张亦皆为敬矣。虽然小心、注
意、紧张固皆为敬，然而皆不足以尽此敬。小心与大胆相

对，小心固是敬，大胆有时亦未尝非敬，推之注意为敬，即不注意有时亦为敬。程子之所谓无适即不注意也。至于紧张匪独不足以尽之，有时且足以害之也。夫敬必从容，即于从容中而不忘敬也。先儒论敬与矜持不同，矜持不特异乎敬，且为敬之疵，孟子曰"必有事焉，而勿正心，勿忘，勿助长。"正心、助长，皆矜持之过也。若夫紧张则过于矜持、助长。孟子之论养气必曰："无暴其气。"至于紧张又不免暴其气矣。过犹不及，岂不信欤？《论语》称孔子恭而安，学者须体会圣人此种气象，然后始知敬者止是教人和舒而弗及怠惰，严威而不至矜持，所谓从容乎中道者也。故程子曰："执事须是敬，然又不可矜持太过。"又曰："忘敬，然后无不敬。"忘敬者，非不留心于敬也，止是行乎自然而不勉强之谓，特用力之初犹不免于勉强，及其用功既久，涵养日深，则必渐至乎从心所欲而不逾矩，乃能无入而不自得，莫非敬矣。

人生本敬，乃以诱于外物，后失其真。夫沿波知进则顺而易，溯流思反则逆而难，此所以用力之初犹不得不勉强而行之者也。孟子曰："学问之道无他，求其放心而已矣。"求放心即为敬之道也，程子更申之曰："圣贤千言万语，只是欲人将已放之心，约之使反，复人身来，自能寻向上去，下学而上达也。"可知心之不存则无事为敬矣。故曰："心不在焉，视而不见，听而不闻，食而不知其味。"《大学》之言慎独，《中庸》之言戒慎恐惧，皆敬也。若夫小人之无忌惮者，则非敬矣。程子之言可不深切著明哉！问："人之燕居，形体怠惰，心不慢者，可否？"曰："安有箕踞而心不慢者？昔吕与叔六月中来缑氏，闲居中某尝窥之，必见其俨然危坐，可谓敦笃矣。学者须恭敬，但不可令拘迫，拘迫则难久。"○一学者苦敬而矜持。朱子曰："只为将此敬字，别作一物，而又以一心守之，故有此病。若知敬只是此心自省，当体便是，则自无此病矣。"○明道曰："今学者敬而不自得，又不安者，只是心生，亦是太以敬来做事得重，此'恭而无礼则劳'也。恭者，私为恭之恭也。礼者，非体之礼，是自然的道理。故不自在也。须是'恭而安'。今容貌必端，言语必正者，非是道独善其身，要人道如何。只是天理合如此。本无私意，只是个循理而已。"

夫人果能居敬，外则五官百骸，内则心思知虑，咸得其所，亦即不失其当然之则。《诗》云："天生烝民，有物有则。民之秉彝，好是懿德。"此之谓也。明此则知居敬与穷理通，明儒薛氏镜仙曰："居敬即居所敬之理。"是知居敬须居在理上。理者，当然之则也，亦即天理也。阳明《传习录》"澄问：主一之功，如读书则一心在读书上，接客则一心在接客上，可以为主一乎？先生曰：好色则一心在好色上，好货则一心在好货上，可以为主一乎？主一是专主一个天理。"陆澄记。又"梁日孚问主一。曰：一者天理，主一是一心在天理上，若只知主一，不知一即是理，有事时便逐物，无事时便着空，惟其有事无事，一心皆在天理上用功。所以居敬亦即是穷理，就穷理专一处说便谓之居敬，就居敬精密处说便谓之穷理，不是居敬了别有个心穷理，穷理时别有个心居敬，名虽不同,工夫只是一事。"常人多逐物,禅宗云次焉,此便善矣。观此,可知朱子之谓"有事时敬在事上,无事时敬在里面",并无逐物着空之病,朱子不亦云乎:"能穷理则居敬工夫日以进,能居敬则穷理工夫日以密。"与阳明之说正同,特阳明合而言之,朱子分而言之,语有重轻,谊无二致。盖居敬穷理互发互助者也。

正信、尚志、知本三篇具见为学规模,至若于何着手用力,则须求诸辨义、居敬、穷理之中。夫为学之道,譬犹莳花种谷,害莠既除,宜加养料。辨义犹除害莠也,居敬犹加养料也。故程子曰"涵养须用敬",涵者,滋也,水之浸物,有积渐渍而入。明居敬工夫日积于成,匪可骤至,亦犹莳花种谷,未可汲汲见功也。然则居敬者必时时刻刻以敬为生活,未可或闻也,朱子曰:"离了心,则非我有,离了敬,则无此心。"信夫!

格 物 第 六

居敬与穷理相通,宜居敬之后次以穷理,今不说穷理而说格物者何也? 朱子曰:"《大学》不说穷理,只说格物,要人就事物上理会。"又曰:"不说穷理却言格物,盖言理无可捉摸,言物则理自在,释氏只说见性,下梢寻得一个空洞无稽底性,与事上更动不得。"据此则知说格物便尽穷理矣。朱子曰:"有是物必有是理,理无形而难知,物有迹而易见。"或问辨义与穷理何以异? 程子曰:"在物为理,处物为义,自物言谓之理,自处物言谓之义,其实止是一事耳。"然则既说辨义,复言格物穷理何也? 夫义与理固自无别,第下手工夫却有不同,须知知本、辨义、居敬、穷理(格物)四目,即为仁义礼知四端。

知本犹识仁也,以仁为本,《易传》云:"元者,善之长也。"而孟子之论四端,亦以仁为本,"恻隐之心,仁也;羞恶之心,义也;恭敬之心,礼也;是非之心,知也",而皆根于不忍人之心,亦止是仁焉尔。辨义根于羞恶之心,孟子曰:"生,亦我所欲也,义,亦我所欲也,二者不可得兼,舍生而取

23

义者也。生亦我所欲，所欲有甚于生者，故不为苟得也；死亦我所恶，所恶有甚于死者，故有所不辟也。如使人之所欲莫甚于生，则凡可以得生者何不用也？使人之所恶莫甚于死者，则凡可以辟患者何不为也？由是则生而有不用也，由是则可以辟患而有不为也。是故所欲有甚于生者，所恶有甚于死者，非独贤者有是心，人皆有之，贤者能勿丧耳。一箪食、一豆羹，得之则生，弗得则死，呼尔而与之，行道之人弗受，蹴尔而与之，乞人不屑也。万钟则不辨礼义而受之，万钟于我何加焉，为宫室之美，妻妾之奉，所识穷乏者得我与？乡为身死而不受，今为宫室之美为之；乡为身死而不受，今为妻妾之奉为之；乡为身死而不受，今为所识穷乏者得我而为之，是亦不可以已乎？此之谓失其本心。"此明羞恶之心为义也。孔子不亦云乎？"好仁者，恶不仁者。"好仁者，仁也，恶不仁者，义也。居敬者，礼之事也，而根于恭敬之心；格物穷理为知之事，而根于是非之心。是非、羞恶之心同而不同。孟子曰："其为气也，配义与道，无是，馁也，是集义所生者，非义袭而取之也，行有不慊于心，则馁矣。"又曰"仰不愧于天，俯不怍于地，二乐也"，此悉根羞恶之心而言，偏于成己，至若格物穷理，多偏成物，人而不能格物穷理，则未足以应事付物。用心虽是，应付多乖，宁有当乎？此所以辨义之后，又须格物穷理，然后内外道合，物我俱成，止于至善矣。

然则格物穷理之道究若何邪？程子曰："格物穷理非是要尽穷天下之物，但于一事上穷尽，其他可以类推。"又曰："所以能穷者，只为万物皆是一理。"此明穷尽一物便得。然有问于程子曰："只穷一物便还见得诸理否？"曰："须是遍求，虽颜子亦只是闻一知十，若到后来达理了，虽亿万亦可通。"又曰："若只格一物便通众理，虽颜子亦不敢如此道，须是今日格一件，明日格一件，积习既多，然后脱然有贯通处。"此明须遍穷天下之物。两说似异实同，所谓"一事上穷尽，其他可以类推"，即达理之谊。古人立言有体，因人而异，故其于泛滥无所归者，则告之以穷一，于孤陋失之约者，则告知以遍求，所以长善而救其失也。故程子又曰："所务于穷理者，非道尽穷了天下万物之理，又不道是穷得一理便到，只是要积累多后，自然见去。"此说则执其两端而得其全美。穷理之道既明，然究于何穷之邪？伊川曰："世之人务穷天下万物之理，不知反之一身，善学者取之身而已，自一身以观天地。"此明穷理止须反求之吾身便得。然有问于伊川："致知先求之四端如何？"曰："求之性情，固是切于身，然一草一木皆有理，须是察。"朱子曰："一心具万理，能存心而后可以穷理。"此又明穷理亦不可不求之于外物，两说皆为议偏救弊之辞，乃不得不因人而异，故于骋于外者，则教之以反求诸身；遗于内者，则教之以兼穷乎物。故程子又曰："物我一理，才明彼即晓此，合内外之道也。"此言得其实矣。

　　程子之说有分而言之者,有合而言之者,合言为实说,分言为权说,此不可不知也。后来阳明不察乎此,遂谓程朱之论格物穷理,求之于外,不免支离过矣。朱子之说格物,则曰:"或考之事为之著,或察之念虑之微,或求之文字之中,或索之讲论之际。"阳明颇不谓然,《传习录》云:"文公格物之说只是少头脑,如所谓'察之于念虑之微',此一句,不该与'求之文字之中、验之事为之著、索之讲论之际'混作一例,看是无轻重也。"阳明之学显与程朱违异。《大学》统言致知格物,程朱多自格物一边说,阳明则就致知一边说,故阳明宗古本,不以章句为然。其《大学古本序》云"致知焉尽矣",此与《大学》不合,《大学》八条目始于格物,古本亦然,阳明舍格物而专言致知,虑非圣人意也。又曰"若夫致知则存乎心悟",此与程朱亦异,而后人以谓阳明近于禅者,职此故也。"悟"之一字,不见孔孟之书,惟禅宗为然。即孟子先知先觉之说与禅宗之悟亦不同。夫既偏于致知,而主悟觉,遂讥朱子格物之说为少头脑尔。朱子之说亦有所本,程子曰:"穷理亦多端,或读书讲明义理,或论古今人物、别其是非,或应接事物而处其当然,皆穷理也。"此亦以内外等视,未有偏歧。阳明所以疑朱子者,盖以其少时尝格庭前之竹七日而至于病,遂谓程朱之说为谬尔,此实阳明自误。伊川曰:"若于一事思未得,且别换一事思之,不可专守着这一事,盖人之知识在这里蔽着,虽强思亦不通。"穷理多端,奚取执一? 阳明无乃蔽乎！程朱于格物穷理之道，必曰"莫不因已知之理而益穷之"，又曰"积累多后，自然见去"，所以明穷理犹积学也。孔子曰"思而不学则殆"，其阳明之谓与！阳明之意以谓穷理即可求诸心上，故曰"心即理也"，晦翁、象山讲学不合处亦在是耳，故朱子曰"象山尊德性多，我道问学多"，而象山则谓"没有尊德性，说甚么道问学"，盖一则外求诸物，一则反求乎身，内外截然不侔，是非未可弗辨。究论其实，程朱之说无一毫疵隙，乃陆王竟诋之支离，毋乃贤者之过欤！

朱子曰："此心固是圣贤之本领，然学未讲、理未明，亦有错认人欲做天理处"，王学末流，猖狂无忌，恰中此弊，厥故由于不肯致知格物，尤其不肯格物耳。《大学》之义原谓"致知在格物"，乃阳明以谓"致知焉尽矣"，虽然，舍格物而专言致知，其弊也小，至若以谓"致知存乎心悟"，将率天下入于禅，流害所及，可胜道哉！须知格物学之事也，所谓"求之文字之中，考之事物之著，索之讲论之际"莫非学也，而"察之念虑之微"亦即思也。苟其舍夫文字、事物、讲论而不穷究考求，乃专以"察之念虑之微"为事者，是谓思而不学。思而不学，亦即错认人欲作天理，此孔子所为深殆之也。且夫心之为物，固为本领，然其用甚大，不独主宰一身使之从善去恶而已，故朱子《大学补传》云："至于用力之久，而一旦豁然贯通焉，则众物之表里精粗无不到，而吾心之全体大用无不明矣。"然则于众物之表里精粗有不到者，则吾心之大用亦有未明,即吾心之体有未全者矣。朱子又曰:"一书不读,则阙了一书之道理;一事未穷,则阙了一事之道理;一物不格,则阙了一物之道理,斯皆心有未全也。"所谓阙,亦即《补传》不全、不到之谊。孔孟教人不外博约,孔子曰:"君子博学于文,约之以礼,亦可以弗畔矣夫。"孟子曰:"博学而详说之,将以反说约也。"所谓约者,约在心上,所谓博者,博在物上,物理吾心固未尝偏废也。孔子告人诵诗则曰:"诗可以兴,可以观,可以群,可以怨,迩之事父,远之事君,多识于鸟兽草木之名。"设以陆王之说观之,则诗之用至于事父事君尽矣,若夫多识于鸟兽草木之名,毋乃支离乎。孔子告人学礼,亦未尝以洒扫应对进退之第为可废也。程子曰:"圣人之道,更无精粗,从洒扫应对与精义入神贯通只一理,虽洒扫应对,只看所以然如何。"又曰:"凡物有本末,不可分本末为两段事,洒扫应对是其然,必有所以然。"《论语》称"子入太庙,每事问",曾子亦曰:"君子所贵乎道者三,动容貌,斯远暴慢矣;正颜色,斯近信矣;出辞气,斯远鄙倍矣。笾豆之事,则有司存。"子入太庙所问者,正是笾豆之事耳,曾子之言乃专对孟敬子而发,盖有所谓而云然也。夫孟氏身为大夫,固当重本轻末,或以敬子适有此病,故夫子因而教之以救其失,非谓学者于器用事物之微可以遗而不究也。《学记》云:"不学杂服,不能安礼。"卫灵公问政于孔子,孔子对曰"俎豆之事,则尝闻之矣",是知孔子于俎豆之事亦未尝无闻焉。孟子说古之礼则甚略,其于班爵禄之制,则曰其详不可得闻。此盖由于礼坏乐崩,不得已而云然尔,岂真不欲知其详哉。《学记》云:"一年视离经辨志,三年视敬业乐群,五年视博习亲师,七年视论学取友,谓之小成。九年知类通达,强立而不反,谓之大成。"所谓知类通达者,即由博返约也,征之于荀子之书,厥谊尤明,《儒效篇》云:"法先王,统礼义,一制度;以浅持博,以古持今,以一持万;苟仁义之类也,虽在鸟兽之中,若别白黑;倚物怪变,所未尝闻也,所未尝见也,卒然起一方,则举统类而应之,无所儗怎;张法而度之,则晻然若合符节:是大儒者也。"观此则知古之圣贤于物理吾心盖等视之耳,故曰"有始有卒者,其惟圣人乎"。孔子曰:"多闻,择其善者而从之,多见而识之,知之次也。"此孔子所以自道也。又曰:"多闻阙疑,慎言其余,则寡尤。多见阙殆,慎行其余,则寡悔。"此孔子所以告人者也。《易·大畜传》云:"君子以多识前言往行,以畜其德。"凡此皆以多闻、多见、多识为言,抑且鄙于孤陋寡闻(见《学记》),而贤夫以多问寡(见《论语》),曷尝以多知为嫌哉!盖闻见知识,虽得于外,而所闻、所见、所知、所识之理则具于心,故外之物格则内之知致,此吾儒内外合一之学也。若谓闻见不如求心,乃禅宗之说尔,吾儒固异乎是矣。

孔子不亦云乎?"好仁不好学,其蔽也愚,好知不好学,其蔽也荡,好信不好学,其蔽也贼。好直不好学,其蔽也绞,好勇不好学,其蔽也乱,好刚不好学,其蔽也狂。"王学末流之弊，圣人盖已逆知之矣。然则象山、阳明之学，尽有足以箴补程朱者，顾于致知格物之说，犹不能无偏耳。朱子曰："格物十事，格得九事通透，即一事未通透，不妨。一事只格得九分，一分不通透，最不可，须穷到十分处。"此言最是剀切著明，象山、阳明何不察邪！后之为陆王之学者，亦多为模糊影响之谈，以谓朱子以格尽天下物理为事，观于此言，则知朱子并无尽天下物理而俱格之意，止是要人就一物之理而穷致之耳。然则格物者，乃就一物之理而格到底之谓也。朱子曰："学问之道无他，莫论事之大小、理之深浅，但到目前，即与理会到底。"

乐　学　第　七

　　程子曰："才学，便须知有着力处；既学，便须知有得力处。"然则得力之处于何考验？厥惟乐上耳。孔子曰："知之者不如好之者，好之者不如乐之者。"明道亦曰："学至于乐则成矣，笃信好学未如自得之为乐，好之者如游他人之园圃，乐之者则己物尔。"此与孔子之言正合，夫既谓"笃信好学未如自得之为乐"，则知乐从自得来矣。孟子之说亦合于孔子，其言曰："仁之实，事亲是也。义之实，从兄是也。智之实，知斯二者弗去是也。礼之实，节文斯二者是也。乐之实，乐斯二者。乐则生矣，生则恶可已也，恶可已则不知足之蹈之、手之舞之。"此又明乐从恶可已来，然则自得与恶可已，即可尽乐之义矣。孔子称"回也不改其乐"，顾其所乐何事？《论语》："颜渊喟然叹曰：'仰之弥高，钻之弥坚，瞻之在前，忽焉在后。夫子循循然善诱人，博我以文，约我以礼，欲罢不能，既竭吾才，如有所立卓尔，虽欲从之，末由也已。'"此不容已之情，即颜子之所为乐也。

孟子曰："君子有三乐,而天王下不与存焉。父母俱存,兄弟无故,一乐也。仰不愧于天,俯不怍于人,二乐也。得天下之英才而教育之,三乐也。君子有三乐,而王天下不与存焉。"又曰："反身而诚,乐莫大焉。"此孟子之乐处也。孔子曰："饭疏食饮水,曲肱而枕之,乐亦在其中矣。不义而富且贵,于我如浮云。"又曰："其为人也,发愤忘食,乐以忘忧,不知老之将至云尔。"此孔子之所由乐也。观于孔孟之所以为乐,可以知其自得之深,恶可已之实矣。故孟子曰："君子深造之以道,欲其自得之也,自得之则居之安,居之安则资之深,资之深则取之左右逢其原,故君子欲其自得之也。"斯即乐学之根原欤?

故程子曰"学要在自得",又曰"大抵学不言而自得者,乃自得也,有安排布置者,皆非自得也",斯其谊更恺切著明矣。宋儒之学,乐为头脑。明道曰："昔受学于周茂叔,每令寻颜子仲尼乐处,所乐何事。"《论语集注》引此以仲尼序于颜子之先,尊尊之义也。然观《通书》云"志伊尹之所志,学颜子之所学",则知明道之先颜子,用力无误,盖有深意焉尔。《通书》云"士希贤,贤希圣",为学之次固如是也,安得躐等以求几于圣域哉! 是故士志于学必先寻得颜子之乐处,然后始可向上寻得仲尼之乐处。寻者撢究践蹈,潜思深玩之谓,须人自参耳。明道又曰："诗可以兴。某自再见周茂叔后,吟风弄月以归,有'吾与点也'之意。"观此一团活泼泼地生意,非至乐而何? 由是可知周子所以告程子者,惟一乐字,而程子之所以得力于周子者,亦惟是尔。明道又尝自道"天地之万物之理,无独必有对,皆自然而然,非有安排也。每中夜以思,不知手之舞之、足之蹈之,学苟自得,焉有不乐? 若其不乐,未为知学。"故邵子康节曰"学不至乐,不可谓之学",且于所居处眉曰"安乐窝",其志可知矣,著有《伊川击壤集》,所为诗歌悉抒其喜乐之情,乃其学问有得处也,然后知天理流行,私欲〔净尽〕,心中泰然,了无挂碍,斯为乐矣。

故有问颜子所乐何事,朱子曰:"人之所以不乐者,有私意尔,克己之私则乐矣。"宋儒之学所以能直承孔门之传者,即在是尔。后来阳明门下唯王氏心斋最明斯义,其所作《乐学歌》云:"人心本自乐,自将私欲缚。私欲一萌时,良知还自觉。一觉便消除,人心依旧乐。乐是乐此学,学是学此乐。不乐不是学,不学不是乐。乐便然后学,学便然后乐。乐是学,学是乐。呜乎! 天下之乐,何如此学,天下之学,何如此乐。"反复丁宁,旨谊深切,士志于学,可不察乎! 厥子东崖燨亦尝言:"有所倚而后乐者,乐以人者也。一失其所倚,慊然若不足也。无所倚而自乐者,乐以天者也。舒惨欣戚,荣悴得丧,无适而不可也。"由是可知,常人之乐非乐也,有所倚而乐,以人者也,必也无所倚而乐以天者,斯为乐尔,此惟圣贤为能。若颜子之乐,可谓无所倚矣。程子曰:"箪瓢陋巷非可乐,盖自有其乐耳。""其"字当玩味,自有深意,明乐为吾身之本有，奚与外物？箪瓢陋巷，固可不失其乐，虽富且贵，亦止加损焉。孔子言乐在其中，宁在饭疏食饮水之中哉！乐即道也，乐即心也。东崖语。夫子所以喟然与点者，亦以此尔。孔子曰"人不知而不愠，不亦君子乎"，又曰"不患莫己知，求为可知也"，又曰"古之学者为己，今之学者为人"，夫学而为己，不求人知，果至乎是，其乐无所倚矣。故孟子告宋勾践曰："子好游乎？吾语子游：人知之，亦嚣嚣，人不知，亦嚣嚣。"赵注："嚣嚣，自得无欲之貌。"非至乐而何？又曰"尊德乐义，则可以嚣嚣"，谊尤明切。此谓知本，此谓知其性也。

然则所谓乐者，即《中庸》"无入而不自得"之谓也。龟山以为庄子《逍遥游》只所谓"无入而不自得"也，可谓知言。"列子御风而行，犹有所待，若夫乘天地之正，而御六气之辩，以游无穷者，彼且恶乎待哉！"待，犹倚也，无待之乐，非乐以天者乎？夫为学之道，不外知本、辨义、居敬、格物四端，而四者之致必归于乐。就知本言，所谓知本止是识仁。明道《识仁篇》云："孟子言万物皆备于我，须反身而诚，乃得大乐。若反身未诚，则犹是二物有对，以己合彼，终未有之，又安得乐。"此谓诚能识仁，必跻于乐境，然则乐者非识仁之效验也，斯征知本必归于乐。就辨义言，亦可得而征。明道曰："人能克己，则心广体胖，仰不愧，俯不怍，其乐可知，有息则馁矣。"朱子亦谓颜子所乐只在克正复初，克己犹辨义也，义安处便有至乐。阳明《传习录》："问：'乐是心之本体，不知遇大故于哀哭时,此乐还在否?'先生曰:'须是大哭一番方乐,不哭便不乐矣,虽哭,此心安处即是乐也,本体未尝有动。'"由是可知心安则乐,而心所以安者,由义之功也。然则所谓辨义,亦不可弗归于乐上也。至于居敬格物亦皆然。伊川曰:"中心斯须不和不乐,则鄙诈之心入之矣。此与敬以直内同理。谓敬为和乐则不可,然敬须和乐,只是中心没事也。"此谓恭敬而不拘迫,则和且乐。阳明《与舒国用书》云:"君子之所谓敬畏,非有所恐惧忧患,乃戒慎不睹、恐惧不闻之谓耳。君子之所谓乐,非旷荡放逸、纵情肆意也,乃其心体不累于欲,无入而不自得之谓耳。第是乐生于天理之常存,天理常〔存〕(生)于戒慎恐惧之无间,孰谓敬畏之增反为乐之累邪?"是知乐者亦居敬之效验,若其未乐则非敬矣,故居敬亦必归乐上。朱子曰:"道理在天地间,须是直穷到底,至纤至悉,十分透彻,无所不尽,则与万物为一,无所窒碍,胸中泰然,岂有不乐。"此又明格物亦须归诸乐上。

　　是四者之效验,悉见诸乐。惟兹四端,只是一事。分而言之,知本,仁也;辨义,义也;居敬,礼也;格物,知也。合而言之,俱为性尔。东崖曰:"乐者,心之本体也,本于阳明。有不乐焉,非心之初也。"心犹性也,犹谓性之本体焉尔,四端发于一性,扩诸至处,斯为乐矣,乐乃复其初也。孟子以谓四端在我,必扩而充之,扩充至于乐处,乃复其初。所贵乎学者,求复其初而已,然则学至乎乐止矣。

尽 性 第 八

"乐者,心之本体也,有不乐焉,非其初也",复其初则乐,尽性云者,乃所谓复其初也,其说见于《中庸》。《中庸》云:"惟天下至诚,为能尽其性,能尽其性,则能尽人之性,能尽人之性,则能尽物之性,能尽物之性,则可以赞天地之化育,可以赞天地之化育,则可以与天地参矣。"此又本诸《易传》,《说卦》云"穷理尽性以至于命",特《易传》总言尽性,而《中庸》则又有尽己、尽人、尽物之等,分则为三,合则为一。盖性者,元非吾身所独具,亦万物所共存。故张子曰:"性者,万物之一原,非有我之得私也。"是以序别三等,莫非尽性,若夫尽己而未能尽人尽物者,止缘尽性功夫未臻至处,果臻至处,尽己便是尽人尽物,乃可以赞天地之化育,而与天地参矣,故曰"穷理尽性以至于命"。

顾穷理亦非仅在一身,又须及诸外物,故程子曰:"一草一木皆有理,须是察。"性固为物我所同具,夫理亦然,故曰"物我一理"。伊川语。是以自内言之,由求诸一身而穷诸万物,自外言之,由穷诸万物而反求诸身,推之尽性亦然。语其极功,则由尽己而尽人尽物,而尽物尽人亦止是自尽其性,固无物我之差等也。孟子曰:"广土众民,君子欲之,所乐不存焉,中天下而立,定四海之民,君子乐之,所性不存焉,君子所性,虽大行不加焉,虽穷居不损焉,分定故也。"明乎此,则知尧舜之圣与孔颜同,特尧舜大行而孔颜穷居耳。自事上言,用舍有别,自性上言,存养无殊,此所以人皆可以为尧舜也。傥谓必如尧舜大行,斯为圣贤,则君子遁世而无闷者,不得为圣贤矣。孟子曰:"尽其心者,知其性也。"问:"孟子言心性天只是一理否?"伊川曰:"然,自理言之谓之天,自禀受言之谓之性,自存诸人言之谓之心。"以《大学》之序言之,知性则物格之谓,尽心则知至之谓也。以《易传》之序言之,知性犹穷理也,尽心乃尽性也,由知而尽,斯其序也。苏昞季明录《洛阳议论》:"二程解'穷理尽性以至于命',只穷理便是至于命,子厚谓:'亦是失于太快,此义尽有次序,须是穷理便能尽得己之性,则推类又尽人之性,既尽得人之性,须是并万物之性一齐尽得,如此然后至于大道也,其间煞有事,岂有当下理会了,学者须是穷理为先,如此则方有学,今言知命与至于命,尽有近远,岂可以知便谓之至也?'"然自其至处言,固又无先后,故明道曰:"穷理尽性以至于命,三事一时并了,元无次序,不可将穷理作知之事,若实穷得理,即性命亦可了。"伊川亦曰:"穷理尽性至命只是一事,才穷理便尽性,才尽性便至命。"或合或分,理各有当尔。

孟子又谓"或相倍蓰而无算者,不能尽其才者也",才,犹材质,人之能也,人有是性,则有是才。朱子语。是尽才犹尽性也。《传习录》云:"先生曰:惟天下至圣为能聪明睿智,旧看何等玄妙,今看来原是人人自有的。耳原是聪,目原是明,心思原是睿智,圣人只是一能之尔,能处正是良知,众人不能,只是个不致知,何等明白简易。"所谓能者,即能尽其才,能尽其性耳,不能则否。然则才性之尽否,止在能与不能之际尔。由是可知,谓之尽性,自其学成言,谓之尽心尽才,自其始学言也。且言性,则隐而难见,言心与才,则近而易明,舍隐取显,俾学者知所措尔。圣人教人,可谓备矣! 推之,即孟子所谓推也,孟子曰:"古之人所以大过人者,无他焉,善推其所为而已矣。"达也,孟子曰:"亲亲,仁也。敬长,义也。无他,达之天下也。"扩充也,孟子曰:"凡有四端于我者,知皆扩而充之矣。"亦莫非尽性之谓也。要之,尽性也者,其下手工夫固为一尽字,及其至也,仍为此尽字。

最能得孟子之义者,厥惟宋儒。朱子发"学而时习之"章之谊,曰:"学之为言效也,人性皆善,而觉有先后,后觉者必效先觉之所为,乃可明善而复其初也。"其于《大学》"在明明德",《中庸》"天命之谓性",亦以复初为说,所谓"去夫外诱之私,而充其本然之善"者也,然则复初者非尽性之谓乎?朱子曰:"今之为学,须是求复其初,求全天之所与我,始得,若要全天之所以与我者,便须以圣贤为标准,直作到圣贤地位,方是全得本来之物而不失。"此言更为恺切,顾复初必以圣贤为志,何也?《传习录》云:"圣人之所以为圣,只是此心纯乎天理而无人欲之杂,犹精金之所以为精,但以其成色足而无铜铅之杂也。人到纯乎天理方是圣,金到足色方是精。"又云:"学者学圣人,不过是去人欲而存天理。"观此,则知所以学圣贤者,为其能尽性耳,然则人之性尽,斯为圣贤矣。程子说此尤为精微,一则曰:"天理云者,这个道理更有甚穷已,不为尧存,不为桀亡,人得之者,故大行不加,穷居不损,这上头来更怎生说得存亡加减,是佗元无少欠,百理具备。"一则曰:"万物皆备于我,不独人尔,物皆然,都只自这里出去,只是物不能推,人则能推之,虽能推之,几时添得一分,不能推之,几时减得一分,百理具在,平铺放着,几时道尧尽君道,添得些君道多,舜尽子道,添得些孝道多,元来依旧。"吕与叔《东见录》二先生语。此于孟子分定之说可谓阐发无余,谓为圣门之教至是复光,宁为过乎?

今人或谓时迁理亦变,古之道德伦理施于今者,庸有当乎?曰唯唯否否。此无本之说也,夫时迁世易,道德伦理亦将随于外物而异乎?然外物所见各有不同,奚以为正?固知其不可也已。虽然,《记》曰"三王异世不相袭礼,五帝殊时不相沿乐",此非可受者乎?然此止谓礼乐之仪文节度耳,若其本根之理,固亘古而无殊,盖变而有不变者在焉。

此不变者,在物为理,在人为性,夫仪文节度固当随世制宜,性理本源未尝因时而易,此不可不辨也。然则道德伦理悉根于性,若于性外求之,如今人之说者,斯则义外二本矣,奚取于孟子哉? 今人又谓心为一元,物为一元,是不然。张子曰"性者,万物之一原",程子曰"仁者浑然与万物同体",又曰"性即理也",盖自其分者言之,曰性与理,自其合者言之,则一天理耳。故《中庸》云"天命之谓性",夫人之性固为天所命,万物亦然,物之性止在人之性中,未可求诸性外,故曰能自尽其性则能尽人之性、尽物之性,而尽人之性、尽物之性亦只是自尽其性,分之则曰尽己之性、尽人之性、尽物之性,合之则曰天命之谓性,所谓同源而异流也。所谓命也,天命也,宋儒悉名之曰天理,性为天所命,故宋儒论尽性必以存天理为说耳。虽然,学至乎圣贤,不过能尽其性而已;即至乎尽人尽物,以至化育万物,与天地参,亦不过能尽其性而已。

然而真欲至乎尽性之实者,盖亦不易。由古及今,圣贤有得之士多矣,顾未尝自谓能尽之者。《中庸》云孔子曰:"君子之道四,丘未能一焉。所求乎子,以事父,未能也;所求乎臣,以事君,未能也;所求乎弟,以事兄,未能也;所求乎朋友,先施之,未能也。"夫以孔子之圣,犹若不足,况他人乎!《论语》:"子曰:出则事公卿,入则事父兄,丧事不敢不勉,不为酒困,何有于我哉?"亦止谓分所当为,而不敢以为尽也。然则知不足非即尽性之方欤?《论语》:"子贡曰:'如有博施于民而能济众,何如,可谓仁乎?'子曰:'何事于仁,必也圣乎,尧舜其犹病诸!'"又:"子路问君子。子曰:'修己以敬。'曰:'如斯而已乎?'曰:'修己以安人。'曰:'如斯而已乎?'曰:'修己以安百姓。修己以安百姓,尧舜其犹病诸。'"此谓以尧舜之圣,其心犹有所不足,夫尧舜之所以为尧舜者,乃在是尔,若曰吾德至矣,岂圣人心哉!孔子所以称尧舜者曰"荡荡乎,民无能名焉",知尧舜者,其惟仲尼乎!

夫言性则无穷已也,故世异时迁,绵绵亡尽,性亦如之尔。周子曰:"士希贤,贤希圣,圣希天。"天之所以为天者,即在其无间断、无止尽处,故《中庸》云"至诚无息,惟天然尔",《诗》云"惟天之命,於穆不已",此之谓也。至文王之所以为文者,亦在其纯亦不已,惟天之道无息不已,希天者其亦知所悟矣。然则所谓尽性者,乃于不尽中尽焉尔。宋儒所以憭然知此者,要得力于禅为多,特用禅而不为禅所用,此其学之所以为大也欤。佛说心、佛、众生三无差别,自子思、孟子下讫程朱之说靡不与同,又谓狗有佛性,于事无征,于理则然。盖一切有情莫非佛种,乃至魔王、饿鬼,佛性亦亡失焉。于人亦然。虽盗跖之徒,佛性亦在,故曰"放下屠刀,立地成佛",盖性有同然故耳。

学无终始,设以终始为言,则知本为始,尽性为终。征之孟子,曰"尽其心者,知其性也,知其性,则知天矣",此学之始也；曰"夭寿不贰，修身以俟之，所以立命也"，此学之终也。然则所谓知本者，知此性也；所谓辨义者，全此性也；所谓居敬者，存此性也；所谓格物者，致此性也。四者具而弗能尽其性者，未之有也。

理 气 第 九

理气之说,发于张程,而完于朱子。黄道夫道夫名樵仲,
朱子之友。问气质之说始于何人,朱子曰:"此起于张程,某以
为极有功于圣门,有补于后学,读之使人深有感于张程,前
此未曾有人说到此。"案张子《正蒙·太和篇》云"天地之气
虽聚散攻取百涂,然其为理也顺而不妄",此以理气对言。
伊川言理则曰"性即理也",论气则曰"性出于天,才出于气,
气清则才清,气浊则才浊,才则有善有不善,性则无不善"。
横渠之说有与此合者,曰:"形而后有气质之性,善反之,则
天地之性存焉,故气质之性,君子有弗性者焉。"横渠之所谓
气质之性,即伊川之所谓才,而伊川之所谓性,即横渠之所
谓天地之性,于是后儒遂谓宋儒于性有气质、义理之分焉。
顾张程之说有分言之,有合言之,分言有别,合言无殊,明道
曰:"论性不论气,不备;论气不论性,不明。二之则不是。"
横渠亦曰:"德不胜气,性命于气;德胜其气,性命于德。德
犹理也。"明理气固不可二之也。

　　然说莫备于朱子,曰:"天地之间有理、有气。理也者,形而上之道也,生物之本也;气也者,形而下之器也,生物之具也。是以人物之生,必禀此理然后有性,必禀此气然后有形。"答黄道夫。此其区别理气尤明。其注《中庸》说亦同此,曰:"天以阴阳五行化生万气以成形,而理亦赋焉。"顾又不以理与气为可违离,故曰:"未有无理之气,亦未有无气之理。"语类。又曰:"有是理便有是气。"同上。又曰:"理未尝离乎气。"同上。虽不相离而自是二物,故又曰:"所谓理与气,但在物上看,则二物浑沦,不可分开各在一处,然不害二物之各为一物也。若在理上看,则虽未有物而已有物之理。"答刘叔文。夫既为二物,则不能无疑于孰先孰后,而观朱子之说,一则曰"理形而上者,气形而下者,自形而上下言,岂无先后,理无形,气便粗,有查滓";再则曰"理气本无先后之可言,然必欲推其所从来,则须说先有是理,然又非别一物,即存乎是气之中,无是气则是理亦无挂搭处";三则曰"未有天地之先,毕竟也只是理,有此理便有此天地,若无此理便亦无天地,无人无物,都无该载了";四则曰"且如万一山河大地都陷了,毕竟理却只在这里"。以上皆语类。据此,知其说亦如张程有分言之者,有合言之者。自其合者言之,理气本无先后;自其分者言之,则理先于气。盖虽理气并言,而仍以理为本,此宋儒相承之命脉。故夫程子论性既严才性之殊,又谓二之不是。张子亦然,既于性分天地、气质二等,复

44

不以气质为性,是则必各有其所主者矣。此所主者何?程子谓之性,张子谓之天地之性耳,盖才则有善有不善,性则无不善,故以性为主则无不善,以才为主则有善有不善,且必不善者为多。性即理也,才犹气也。朱子曰"论天地之性,则专指理而言,论气质之性,则以理与气杂而言之"。是故以先后言,则理先气后,以宾主言,则理主气宾,此又不可不辨者也。

　　然宋儒理气之说亦非张程所自创,盖亦有所据。《易传》云"穷理尽性以至于命",孟子曰"心之所同然者,理也,义也",《乐记》云"好恶无节于内,知诱于外,不能反躬,天理灭矣",郑注"理,犹性也"。此非程子"性即理也"所从出乎!《礼记·孔子闲居》孔子曰"志气塞乎天地",又曰"无声之乐,气志不违",《礼运》云"故人者,其天地之德,阴阳之交,鬼神之会,五行之秀气也",郑注"言人兼此气性之纯也"。又云"故人者,天地之心也,五行之端也,食味别声被色而生者也",郑注"此言兼气性之效也"。《乐记》云"夫民有血气心知之性,而无哀乐喜怒之常",又云"惰慢邪辟之气不设于身体,使耳目鼻口心知百体皆由顺正,以行其义"。《疏》云:义,理也。《论语》:"孔子曰:'君子有三戒。少之时,血气未定,戒之在色;及其壮也,血气方刚,戒之在斗;及其老也,血气既衰,戒之在得。'"孟子亦曰:"夫志,气帅也。气,体之充也。夫志至焉,气次焉,故曰持其志无暴其气。"又曰:"志壹则动气,气壹则动志也。今夫蹶者趋者,是气,而反动其心。"又曰:"我善养吾浩然之气……其为气也,至大至刚,以直养而无害,则塞于天地之间。其为气也,配义与道,无是,馁也。"又曰:"其日夜之所息,平旦之气,其好恶与人相近也几希,则其旦昼之所为,有梏亡之矣。梏之反复,则其夜气不足以存,则其违禽兽不远矣。"荀子亦曰:"血气刚强,则柔之以调和。"又曰:"凡治气养心之术,莫径由礼。"又,"安燕而血气不惰,柬理也。"以上并《修身篇》。宋儒张、程、朱诸子之言气者,岂能外诸此乎?

第以理气合性为说,实始张程。乃造其端,则早发之于孔、孟、荀卿与夫汉儒矣。抑自宋儒而论,张周之说亦本诸周子《太极图说》。太极者,所谓理也;阴阳者,所谓气也;五行者,所谓质也、形也。盖有理斯有气,有气斯有质、有形矣。故朱子说理气,据诸张程而合之《图说》,曰:"阴阳是气,五行是质。有这质,所以做得物事出来。五行虽是质,他又有五行之气做这物事,方得。然却是阴阳二气截做这五个,不是阴阳外别有五行。"又曰:"生物之时,阴阳之精,自凝结成两个,盖是气化而生,如虱子自然爆出来。既有此两个一牝一牡,后来却从种子渐渐生去,便是以形化,万物皆然。"以上语类。言气言质即未尝不在其中,故曰:"太极非是别为一物,即阴阳而在阴阳,即五行而在五行,即万物而在万物,只是一个理而已。"曰:"太极者,理也。阴阳者,气也。动静者,所乘之机也。气行而理亦行。"曰:"太极只是天地万物之理。在天地言,则天地中有太极。在万物言,则万物中各有太极。"不独是也,天地中之太极,即万物中各有之太极,又非有二也。故曰:"人人有一太极,物物有一太极。合而言之,万物统体一太极也。分而言之,一物各具一太极。"《朱子学的》。而又为之譬曰:"本只是一太极,而万物各有禀受,又各自全具一太极尔。如月在天,只一而已,及散在江湖,则随处而见,不可谓月分也。"曰:"如一海水,或取得一勺,或取得一担,或取得一碗,都是这海水。"语类。然论其究竟义,太极本无极,故又曰:"以其无器与形,而天地万物之理无不在是,故曰'无极而太极',以其具天地万物之理,而无器与形,故曰'太极本无极'。"由是以推,合之于性,则曰:"五行异质,四时异气,而皆不能外乎阴阳。阴阳异位,动静异时,而皆不能离乎太极。至于所以为太极者,又初无声臭之可言,是性之本体然也。天下岂有性外之物哉!"曰:"有天地之性,有气质之性。天地之性则太极本然之妙,万殊一本者也。气质之性则二气交运而生,一本而万殊者也。"盖至是周子之"太极无极",程子之"理一分殊",张子之"性分天地气质",冶为一炉,阐发无复余蕴,而《华严》"理事无碍之旨"亦尽融为儒说,不复能明其所自来矣。

然则理气之说,吾于宋儒不得不推朱子为集大成者矣。惟是周子"太极无极"之说,亦非自创,盖本诸《易》。《易纬·乾凿度》云:"有太易,有太初,有太始,有太素。太易者,未见气也;太初者,气之始也;太始者,形之始也;太素者,质之始也。气形质具而未相离,故曰浑沦。浑沦者,言万物相浑沦而未相离也。视之不见,听之不闻,循之不得,故曰易也。"《列子·天瑞篇》引此。由是可知朱子之说,直承周张程诸子一脉,至考厥本源,又为《易》耳。夫朱子之说理气,虽立差别而不碍圆融,乃后儒不免误会,遂启争端。或谓理气宜分,未可以理为气,亦未可以气为理。或谓理气为一,气即理也。明罗整庵曰:"通天地,互古今,无非一气而已。气本一也,而一动一静,一往一来,一阖一辟,一升一降,循环无已,积微而著,由著复微,为四时之温凉寒暑,为万物之生长收藏,为斯民之日用彝伦,为人事之成败得失,千条万绪,纷纭胶轕,而卒不克乱,莫知其所以然而然,是即所谓理也。初非别有一物,依于气而立,附于理以行也,或者因'易有太极'一言,乃阴阳之变易,类有一物主宰乎其间者,是不然矣。"《困知录》阳明亦有"气即是性,性即是气,原无气性可分"之说。

　　案宋儒之说元有与孟子小异者。《孟子·告子篇》"公都子曰"章外注,朱子云:"愚按程子此说才字与孟子本文小异。盖孟子专指其发于性者言之,故以为才无不善。程子专指其禀于气者言之,则人之才固有昏明强弱之不同矣,张子所谓气质之性是也。"于以可见孟子之意,谓理气为一,才固为气,亦为性也,与程子之严才性之殊者,固自有间矣。于是后儒遂以此与宋儒争,阳明亦以程子与孟子不合为议。窃谓二说虽殊,各有所当。朱子且谓:"以事理考之,程子为密。盖气质所禀虽有不善，而不害性之本善。性虽本善，而不可以无省察矫揉之功。学者所当深玩也。"可谓知言矣。

明人于理气之说论之最详，如薛敬轩、胡敬斋、王阳明、罗整庵、刘蕺山、许鲁斋诸子多所阐发，其尤精者要为杨氏晋庵《论性臆言》，曰："盈天地间只是一块浑沦元气。生天生地，生人物万殊，都是此气为之。而此气灵妙，自有条理，便谓之理。盖〔气〕犹水火，而理则其寒热之性；气犹姜桂，而〔理则〕其辛辣之性，浑是一物，毫无分别。"曰："气者，理之质也；理者，气之灵也。譬犹铜镜生明，有时言铜，有时言明，不得不两称之也。然铜生乎明，明本乎铜，孰能分而为二哉？"曰："气质之性四字，宋儒此论适得吾性之真体，非但补前辈之所未发也。……然则何以为义理之性？曰：气质者，义理之体段；义理者，气质之性情。举一而二者自备，不必兼举也。然二者名虽并立，而体有专主，今谓义理之性出于气质则可，谓气质之性出于义理则不可，谓气质之性与义理之性合并而来，则不通之论也。犹夫醋然，谓酸出于醋则可，谓醋出于酸则不可，谓醋与酸合并而来，则不通之论也。且气质可以性名也，谓其能为义理，气质而不能为义理，则亦块然之物耳，恶得以性称之？"又有："问：'孟子道性善，是专言义理之性乎？'曰：'世儒都是此见解。盖曰专言义理，则有善无恶；兼言气质，则有善有恶，是义理至善而气质有不善也。夫气质，二五之所凝成也，五行一阴阳，阴阳一太极,则二五原非不善之物也,何以生不善之气质哉!惟是既云二五,则错综分布,自有偏胜杂糅之病,于是气质有不纯然善者矣。虽不纯然善,而太极本体自在,故见孺子入井而恻隐,遇呼蹴之食而不屑,气质清纯者固如此,气质薄浊者未必不如此,此人性所以为皆善也。孟子道性善,就是道这个性。从古圣贤论性,就只此一个,如曰厥有恒性、继善成性、天命谓性,皆是这个性。孟子云动心忍性、性也有命焉,则又明指气质为性,盖性为气质所成,而气质外无性,则安得外气质以言性也?'"又曰:"识得气质之性,不必言义理可也,盖气质即义理,不必更言义理也。识得气质之性,不必言气质可也,盖气质即义理,不可专目为气质也。"凡此皆谓理气为一,厥意可补宋儒之不足。然谓气质即义理,不若谓自气质之性中以认识义理之为核也,盖无是气,则是理亦无挂搭处。本朱子语。果若杨氏之言,将为不知者所误会,而认人欲作天理矣。

惟是宋儒所谓气质之性乃自其本体言,若自工夫上言则又有变化气质之说。夫论学专谈本体,易蹈空疏之病,兼明体用,俾明着力之方,此不可不知也。张子曰:"为学大益,在自能变化气质。不尔,卒无所发明,不得见圣人之奥。"故学者先须变化气质,变化气质与虚心相表里。程子曰"学至气质变,始有功",朱子亦谓:"为学必须于平日气禀资质上验之,如滞固者疏通,顾虑者坦荡,智功者易直,苟未如此转变,要是未得力尔。"此咸明为学在能变化气质。盖气质有善有不善,故必变化之,所以弃其不善而存其善者也。阳明亦承此说,尝与王纯甫书云:"变化气质,居常无所见,惟当利害、经变故、遭屈辱,平时愤怒者,到此能不愤怒,忧惶失措者,到此能不忧惶失措,始是得力处,亦便是用力处。"此与程子之言未尝不合也。自有变化气质之说,而后学者始知所下手矣。

心 性 第 十

伊川云"性即理也",象山云"心即理也",两说若有不同。后来阳明承象山之说,整庵守伊洛之言,于是乎彼非此是,不能无争焉。整庵《困知录》云:"程子言'性即理也',象山言'心即理也'。至当归一,精义无二;此是则彼非,彼是则此非,安可不明辨之? 吾夫子赞《易》言性屡矣,曰'乾道变化,各正性命',曰'成之者性',曰'圣人作易以顺性命之理',曰'穷理尽性以至于命',但详味此数言,'性即理也'明矣。于心亦屡言之,曰'圣人以此洗心',曰'易其心而后语',曰'能说诸心',夫心而曰'洗'、曰'易'、曰'说',洗心而曰'以此',试详味此数语,谓'心即理也',岂可通乎?"此以伊川之说为是,而以象山之说为非。

伊川曰"圣学本天,释氏本心",天即理也、性也。其门下谢氏亦曰:"释氏所谓性,乃吾儒所谓心。释氏所谓心,乃吾儒所谓意。"上蔡尝言"心本一,支离而去者,乃意耳",此心意之别。整庵之说殆据此邪? 故又尝曰"吾儒以寂感言心,而释氏以寂感为性”，曰“释氏之明心见性，与吾儒之尽心知性，相似而实不同。盖虚灵知觉，心之妙也，精微纯一，性之真也。释氏之学大抵有见于心，无见于性，故其为教，始则欲人尽离诸相，而求其所谓空，空即虚也。既则欲其即相即空，而契其所谓觉，觉则知也。觉性既得，则空相洞彻，神用无方，神即灵也。凡释氏之言性，穷其本末，要不出此三者，然此三者皆心之妙，而岂性之谓也？”此其区别心性甚明，可谓卓然有见之言。然以象山之言“心即理”为释氏之说，则又不然。释氏言心，顾未尝言“心即理”也，象山心即理之言，实与释氏言唯心者截然不同。盖就释氏之论，可言理即心，不可言心即理。“心即理”之说，正与释氏异耳。整庵以此病之，毋乃过乎。象山易性为心者，实缘言性常人不易捉摸，言心则易憭然，亦犹常人不言天心而言良心也。程子曰“理与心一，而人不能会之为一”，此谓理与心一，非即“心即理”之说乎？又曰：“孟子曰‘尽其心知其性’，心即性也，在天为命，在人为性，论其所主为心，其实只是一道。”既谓心即性，则象山之说固与程子无悖矣。不惟与程子之说不相违，即按之朱子之言，亦无不合。《语类》云：“人多先说性方说心，看来当先说心。古人制字，先制得‘心’字，‘性’与‘情’皆从‘心’。以人之生言，固是先得此理，然许多道理却多聚在心里。且如仁义自是性，孟子则曰仁义是心。恻隐羞恶自是情，孟子则曰恻隐之心、羞恶之心。盖性即心之理，情是心之用。今先说心，便教人识得情性总脑。若先说性，却是性中别有心。横渠‘心统性情’语，颠扑不破。”以此义观之，则象山“心即理”之说与朱子亦亡抵牾。《语类》“或问心是主宰底意否？曰：心固是主宰底意，然所谓主宰者，即理也，不是心外别有个理，理外别有个心。”直与程子“理与心一”之说无殊，尤作证也。

不宁惟是，即以孔孟之言观之，象山之说亦自可通。孟子道性善多自心上言。四端皆性，而变言恻隐、羞恶、恭敬、是非之心，称齐宣王不忍牛之觳觫，谓是心足以王矣。又尝言：“心之所同然者，义也，理也，圣人先得吾心之所同然耳。”莫不变性言心。孔子亦然。其称颜子，则曰“其心三月不违仁”；其自道也，则曰“七十从心所欲，不逾矩”。仁者，礼也。不逾矩，礼之谓也。皆性也，而变言心。谓心不当理，可乎？即以《易传》论之，所谓“易其心而后语”，所谓“说诸心”，亦非谓心之本体本体两字，生所妄加。有不善。惟“圣人以此洗心”语若谓心有不善，然洗心非古读，蔡邕石经及京房、荀爽、虞翻、董遇、张璠、蜀才“洗”并作“先”，唯王肃、韩康伯读“先”为“洗”，谓洗濯万物之心。寻古洗濯字皆作“洒”，无作“洗”者，当以读“先”近古为是，此惠氏《周易述》尝辨之矣。“洗”可训“先”。太子洗马，即太子先马也。据《周易述》补。然则据此以谓心之本体有不善者，盖亦未之深考也。抑以《中庸》与孟子之说合观之尤明，《中庸》云“惟天下之至诚，为能尽其性”，孟子曰“尽其心，知其性”，一则合而言之，一则析而言之，且以示夫致力之方，明尽心斯可知性。谓心性为二，或且谓性无不善而心诚有之，庸有当乎？于此益信朱子所谓"识得情性总脑"之言，而未可将心性说成两个也，是知整庵之说不能无蔽焉。

然即谓心性相混而无别，是又不可也。刘蕺山宗周曰："心性之名，其不可混者，犹之理与气。而其终不得而分者，亦犹之理与气。"明心性之名，犹理气之有别而不可分也。朱子曰："心者气之清爽。"此谓心属气也。又曰："性者心之理也，情者心之动也，心者性情之主也。"此自横渠"心统性情"之说出。胡宏谓"心妙性情之德"，亦同此义。又曰："心者一身之主宰。"谓为一身之主宰，犹与气质近；谓为性情之主，则不得专属气质。盖分而言之，性属理，心属气，未能无别。合而言之，心则兼属理气，又不可分。盖心为形骸，固属气质，然无无理之气，亦无无气之理，故心虽属气，而理亦赋焉。学者不明此义，从而谓性属理，无不善，心属气，有善有不善，且谓孟子所谓"恻隐之心"云云固无不善，然《记》云"正心"、"治心"，又有"鄙诈易慢"之名，其为不善可知。说固甚巧，恐亦未然。须知心之本体原无不善，徒以意不诚，物遂入之而为害，乃有不善者矣。犹镜、水之不清不明者，乃为尘污沙浑，若其本体固未尝有不清不明者焉。《记》云"鄙诈之心入之"、"易慢之心入之"，明不善乃自外入，非其本体所已具，可知孟子言"尽心"意最明，学者宜省察焉。且程子固尝言"恶亦不可不谓之性",然则遂谓性恶,可乎?恶亦不可不谓之心,遂谓心为恶或善恶混,亦未见其可也。抑圣学之可以用力处,在心而不在性,性上固无可用力也。张子曰:"心能尽性,人能弘道也;性不能检其心,非道弘人也。"此言最为精切。朱子亦有此说,惟其义不若是之显。其言曰"心是知觉,性是理",又曰"可动处是心,动底是性"。此明心能动,而心之所以动,则根于性。

　　说此理最明者,莫若荀子,《正名篇》云:"人之所欲生甚矣,人之所恶死甚矣,然而人有从生成死者。非不欲生而欲死也,不可以生而可以死也。故欲过之而动不及,心止之也。心之所可中理,则欲虽多,奚伤于治?欲不及而动过之,心使之也。心之所可失理,则欲虽寡,奚止于乱?故治乱在于心之所可,无与情之所欲。"又曰:"凡人之取也,所欲未尝粹而来也,其去也未尝粹而往也,故人无动而不可以不与权俱。"所谓权者何?《不苟篇》云:"欲恶取舍之权,见其可欲也,则必前后虑其可恶也者;见其可利也,则必前后虑其可害也者。而兼权之,孰计之,然后定其欲恶取舍,如是则常不失陷矣。"此明人之权在心,与孟子"权,然后知轻重;度,然后知长短。物皆然,心为甚"之义同,特荀子言心之所可,有中理与失理两端为异耳。《天论篇》云:"耳目口鼻形,能各有接而不相能,夫是之谓天官。心居中虚以治五官,夫是之谓天君。"此明心为一身之主宰,与孟子"耳目之官不思而蔽于物,物交物,则引之而已矣。心之官则思,思则得之,不思则不得"之义亦合,即孟子言扩充、言推、言达,亦莫不就心而言,所谓"举斯心加诸彼而已"也。用知"心即理"之说,固不得谓为愈于"性即理",然言性则只见本体,言心则本体工夫兼具,不其尤明备乎! 象山之说未可轻议也。朱子曰"未动为性,已动为情,心明则贯乎动静而无不在焉",然则未动之先只是混然一体,既动之后则由体而起用,心贯动静,故体用两备焉。

若夫一心之中,又有人心道心之别,后儒于此断断辩之不已。案人心道心之名见于《尚书·大禹谟》,其言曰:"人心惟危,道心惟微,惟精惟一,允执厥中。"据《荀子·解蔽篇》引道经之言与此同,后人遂以谓伪造。然造伪者如王肃、梅赜之流,其时古籍存者尚多,其所采审必有依据,未同向壁虚构也。姑置其真伪不论,即其言之精亦足传也。第所谓人心危、道心微,又非谓心歧为二,而有善恶之分。盖心而有不善,则与孟子"性善"、程子"性即理"以及象山"心即理"诸说相乖,恐不然也。信乎象山之言,曰:"天理人欲之言,亦自不是至论。若天是理,人是欲,则是天人不同矣。……《书》曰'人心惟危,道心惟微',解者多指人心为人欲,道心为天理,程子即尝言:"人心惟危,人欲也;道心惟微,天理也。"此说非是。心一也,安有二心? 自人而言则曰惟危,自道而言则曰惟微。罔念作狂,克念作圣,非危乎? 无声无臭,无形无体,非微乎?"语精而核,明天人非二,心一而已。即朱子亦未尝不晓此义,尝云:"心只是一个,知觉从饥食渴饮处便是人心,知觉从君臣父子处便是道心。"又云:"形骸上起底见识便是人心,义理上起底见识便是道心,心则一也。"并见《语类》。此与《中庸章句序》说亦同,其言曰:"人莫不有是形,故虽上知不能无人心;亦莫不有是性,故虽下愚不能无道心。此自其分者言之,谓人心属气,道心属理,乃晓喻学者权宜之辞,非谓心果有二也。苟泥其名相,则失之远矣。"故其下复合言之,曰:"必使道心常为一身之主,而人心每听命焉,则危者安、微者著,而动静云为自无过不及之差矣。"据此,则人心道心果其为二,则人心将何以听命于道心,而道心更何能为人心之主邪?其不为二,断可知也。后儒于此忽焉而不察,遂谓心二,有善有不善。诚如所见,则象山之说不能无病,以未若程子之为醇也。世之尊程而抑陆,殆误此邪?不知人心道心一而已矣,会其为一,则心之具道与理可知,然后于象山之说自无所窒滞矣。亦惟洞察此义,而后始知程陆之言心性,其大本固无异也。人心道心之别亦即心性之别,心性为一,人心道心亦为一也。至于一心之中又有种种名目,陈北溪名淳,字安卿,朱子门人,漳州龙溪人也。《字义详讲》言之最悉,兹不赘焉。

读书第十一

朱子曰:"读书是格物一事。"明读书即格物之一端,非格物之外别有所谓读书也。第后世政衰,先王之教多已废失,持心养性,莫善于书。朱子曰:"周衰教失,礼乐养德之具一切尽废,所以维持此心,惟有书耳。"此意伊川固早发之,其言曰:"古之学者易,今之学者难。古人自八岁入小学,十五入大学,有文采以养其目,声音以养其耳,威仪以养其四体,歌舞以养其血气,义理以养其心。今则俱亡矣,惟义理以养其心尔,可不勉哉!"张绎《师说》。然欲求义理,舍书末由,故后儒以读书为一大事也。惟宋儒所谓读书,与汉人治经又有不同。象山尝言:"学者须是打叠田地净洁,然后令他奋发植立,若田地不净洁,则奋发植立不得。古人为学即读书,然后为学可见。然田地不净洁,亦读书不得;若读书则是假寇兵、资盗粮。"明读书非有所谓,有所谓乃为利也,义利不辨,恶可读书? 盖读书所以进德修业也,所谓为己也。若以之为利禄之阶,或以之为惊世炫俗之具,乃为人

耳,恶见其可也! 故象山又曰:"人谓某不教人读书,如敏求
前日来问某下手处,某教他读《旅獒》、《太甲》、《告子》'牛山
之木'以下,何尝不读书来? 只是比他人读得别些子。"不特
象山如此,宋儒读书无不与前人别些子,可谓善读者矣。

程子曰:"读书将以穷理,将以致用也。今或滞心于章
句之末,则无所用也,此学者之大患。"又曰:"学者不泥文义
者,又全背却远去;理会文义者,又滞泥不通。如子濯孺子
为将之事,孟子只取其不背师之意,人须就上面理会事君之
道如何也。又如万章问舜完廪浚井事,孟子只答他大意,人
须要理会浚井如何出得来,完廪又怎生下得来。若此之学,
徒费心力。"又曰:"凡观书不可以相类泥其义。不尔,则字
字相梗。当观其文势上下之意,如'充实之为美'与《诗》之
'美'不同。"象山亦有此言,尝曰:"读孟子须要理会他所以
立言之意。血脉不明,沉溺章句,何益?"可见宋儒读书,与
汉人治经之滞囿于章句、故训、考据之末者,迥不相侔矣。
夫学也者,其惟宋儒乎! 生据伊川言妄补。夫学也者,所以使人求
于内与本也。不求于内而求于外,不求于本而求于末,皆非
圣人之学也。若其滞心于章句之末,不知读书即以穷理致
用者,是溺于外而遗其内,舍其本而逐其末,皆无益于吾身
也,故君子弗学。知此者,其惟宋儒乎!

然不知者固讥宋儒为空疏不学者矣,其实宋儒未尝不
以读书为尚。张子曰:"读书少则无由考校得义精。盖书以

维持此心，一时放下则一时德性有懈。读书则此心常在，不读书则终看义理不见。"朱子曰："圣人七通八达，事事说到极致处。学者须是多读书，使互相发明，事事穷到极致处，所谓'本诸身，征诸庶民，考诸三王而不谬，建诸天地而不悖，质诸鬼神而无疑，百世以俟圣人而不惑'，直到此田地，方是。"有问于朱子："为学只是看六经、《语》《孟》，其他史书杂学皆不必看，如何？"则曰："如此，即不见古今成败。书岂有不可读者？或云："尝见人说，凡是外面入讨入来底，都不是。"曰："吃饭也是外面寻讨入来，若不是时，须在肚里作病，如何又吃得安稳？盖饥而食者，即是从里面出来。读书亦然，书固在外，读之而通其义者却是里面事。必欲舍诗书而别求道理，异端之说也。"《语录》。六经是三代以上之书，曾经圣人手，全是天理。三代以下文字有得失，然而天理却在于此自若也。要有主，觑得破，皆是学。"象山亦有"束书不观，游谈无根"之语，然则后人之讥宋儒为经传鲜习，孤陋寡闻者，岂其然乎！

夫宋儒最能读书者，莫过于朱子，论读书之法，亦莫明于朱子。而要其纲旨，不外三端：曰循序而渐进，熟读而精思；曰严立功程，宽着意思；曰虚心涵泳，切己体察。合此三端，然后本末功夫始见，而"切己体察"一语尤为自汉以来诸儒之所未发。特辞虽歧而为三，意则实相通贯。所谓"宽着意思"，即"循序渐进"之意。盖意思不宽而急迫，则不能循序而渐进；不能循序渐进，则以急迫故也。"严立功程"，亦即"循序渐进"之意。"程"者，途程之谓，言途程则必有次序。谓之"严"者，亦非速达之意，只是要人穷至极处，不可中道画也。故知"严立功程、宽着意思"与"循序而渐进"之义无别。所谓"虚心涵泳"即"熟读精思"之意，不熟则不能涵泳，而涵泳又必待精思也。"切己体察"亦即"熟读精思"之意，不切己体察则义不得熟，而思亦不得精。故知"虚心涵泳、切己体察"与"熟读而精思"之义亦无别也。若以此三端别为始末，则"严立功程"为始，"宽着意思"为末，合之则曰"循序而渐进"。"虚心涵泳"为始，"切己体察"为末，合之则曰"熟读而精思"。"循序"一言所以分作"严立"两言者，则以徒言"循序渐进"而不提"严立功程"于前，易流于怠慢；第下一"严"字，又虑趋于急迫，故又曰"宽着意思"。"熟读"一言所以分作"虚心"两言者，则以徒言"熟读精思"而不提"虚心涵泳"于前，即无从下手；第又虑人只在意思上用功，而失之于空疏，故复言"切己体察"，庶乎无过不及。此其为学者所开法门，可谓密且周矣。

以上三端，是其纲领，若其条目，论之尤详。读书之病颇多，而以贪多欲速为最，贪多则不得不急迫，急迫自不能熟读精思矣。朱子曰："读书须一件一件读，理会了一件方可换一件。理会得通澈适当了，则终此身不用再理会了，到后面只须温寻涵泳罢了。若不与逐件理会，则虽读到老，依旧生。譬如吃饭，不曾一口吃得尽，须分作二顿吃，只认定顿顿吃去,这一生吃了多少饭!读书亦如此。……读书须纯一,如看一般未了,又要涉猎一般,都不济事。某向来读书,方其读上句则不知有下句,方其读上章则不知有下章,每日不过一二章。凡读书到冷淡无味处,犹当着力精考。"又曰:"贪多不得。今之学者大抵有贪多之病,如此用工夫,恐怕枉费了时日。某谓少看者功效多,多看全然无益。某深知此病,初来只是一个小没理会去,少间却成一个大没理会去。"此言读书之贵循序而渐进,若其急迫欲求速达之功,未有有成者也。

张子尝曰:"书须成诵。精思多在夜中,或静坐得之。不记则思不起,但通贯得大原后,书亦易记。所以观书者释己之疑,明己之未达。每见每加新益,则学进矣。于不疑处有疑,方是进。"不疑处有疑,必待精思。朱子曰:"读书无疑者须教有疑,有疑者却要无疑,到此方是长进。"此据张子之言而更进一说。朱子亟称此言,尝告学者曰:"读书须是成诵方精熟。今所以记不得、说不去、心下若存若亡,皆是不精不熟之患。若晓得义理,又皆记得,固是好。若晓文义不得,只背得亦好,少间不知不觉自然相触发晓得这道理。盖这一段文义横在心下,自然放不得,必晓而后已。若晓不得,又记不得,更不消读书矣。"读书千遍,其意自见,此之谓也。朱子曰:"学者只是要熟。工夫纯一而已,读时熟,看时熟,玩味时熟。"又曰:"读而未晓则思,思而未晓则读。程子有言,平其心,易其气,阙其疑,则圣人之意自见。"又曰:"看文字正如酷吏之用法深刻，都没人情，直要做到底。若只等闲过了，有甚滋味。"又曰："看文字须如猛将用兵，直是鏖战一阵；如酷吏治狱，直是推勘到底，决不恕他。"同此义。又曰："看文字如捉贼，须于盗发处，自一文以上赃罪情节都要勘出，莫只揣摩个大纲。纵使知道此人是贼，却不知他在何处做贼，亦不得。读时要体认得亲切，解时要辨别得分晓，如此读书，方为有力。"此言读书之必待熟读精思，方克有功也。

然而熟读精思犹未为尽，盖以用力太过致生成见，故必虚心涵泳以救其偏。朱子曰："大抵读书须是虚心平气，优游玩味，徐观圣贤立言本意，所向如何，然后随其远近浅深、轻重缓急而为之说，如孟子所谓以意逆志者，庶乎可以得之。若便以吾先人之说横于胸次，而驱率圣贤之言以从己意，设使义理可通，已涉私意穿凿，而不免于郢书燕说之诮，况又义理窒碍，亦有所不可行者乎？"又曰："看文字只要虚心。横渠云'濯去旧见以来新意'，此言最有理。"又曰："看文字不可先怀权断于胸中。"义并同此。朱子言有为生所妄引者。又曰："观书先须熟读，使其言皆若出于吾之口；继以精思，使其意皆若出自吾之心，然后可以有得。至于文义有疑，众说纷错，则亦虚心静虑，勿遽取舍于其间。先使一说自为一说，而随其意之所之，以验其通塞，则其尤无义理者，不待观于他说而先自屈矣。复以众说互相诘难，而求其理之所安，以考其是非，则似是而非者，亦将夺于公论而无以立矣。大抵徐行却立,处静观动,如攻坚木,先其易者,而后其节目;如解乱绳,有所不通,则姑置而徐理之。此读书之法也。"朱子曰:"大抵思索义理到纷乱窒塞处,须是一切扫去,放教胸中空荡荡地了却,举起一看,便自觉得有下落处。"程子曰:"见理未明,宁是放过去,不要起炉作灶。"又曰:"思曰睿,思虑久后睿自然生。若于一事上思未得,且别换一事思之,不可专守着这一事。盖人之知识于这里蔽着,虽强思亦不通也。"象山亦曰:"读书不必穷索。平易读之,识其可识者,久将自明。毋耻不知。"又曰:"大抵读书,训诂既通之后但平心读之,不必勉加揣量,则无〔非〕浸灌培养、鞭策磨砺之功。或有未通晓处,姑阙之无害。且以其明白昭晰者日加涵〔泳〕,则自然日充日明,后日本原深厚,则向来未晓者将亦有焕然冰释者矣。"并与朱子之言相发。此言读书之不可不虚心,惟其虚心,始可得圣贤立言之意也。

然徒虚心以求义理,而不知义理本诸吾心,舍本逐末,安见其可?故必待切己体察而后圣贤之言始不为虚说也。朱子曰:"读书不可专就纸上求义理,须反来就自家身上推究。秦汉以后无人说到此,亦只是一向去书策上求,不就自家身上理会。自家见未到,圣人先说在那里,自家只借他言语来就身上推究,始得。"龟山尝言读书之法"以身体之,以心验之",朱子亟称此言,是即切己体察之谓也。胡氏《传家录》云:"谢先生初以记问为学,自负该博,对〔明〕(于)道先生举史书不遗一字。明道曰:'贤却记得许多,可谓玩物丧志。'谢闻此语,汗流浃背,面发赤,明道却云:'只此便是恻

隐之心。'及看明道读史，又却逐行看过，不差一字。谢甚不
服，后来省悟，却将此事做话头，接引博学之士。"此明读书
与为学无二，最忌有自负之心，自负则去圣贤之学远，象山
所谓"田地不净洁，亦读书不得"是也，谢之所病正惟此耳。
果其无自负之心，则读书愈多，愈可多识前言往行以蓄德持
心，而后必如明道之逐行看过、不差一字，斯为得耳。朱子
曰："一生辛苦读书，微细揣摩，零碎刮剔，及此暮年，略见从
上圣贤所以垂世立教之意。枝枝相对，叶叶相当，无一字无
下落处。若学者能虚心逊志，游泳其间，自不患不见入德门
户。"明此，于读书之事思过半矣。

讲 学 第 十 二

古之学者为己，今之学者为人。讲学之事，岂类为人乎？曰：是不然。孔子曰："德之不修，学之不讲，闻义不能徙，不善不能改，是吾忧也。"《论语·述而》。先言修德，后言徙义趋善，皆己分内事。谓之"是吾忧"，尤足征讲学之事非为人也。《易·兑·大象》亦云"丽泽，兑，君子以朋友讲习"，此其取象于丽泽。丽泽者，两泽相为滋益，明益人即所以益己也。即如《论语》首章先"学而时习之"，而后"友朋自远方来"，明无时习之功即少朋来之乐也。

自孔子以后至于孟子、荀子，似有不同。孟子辟杨墨，距许行，论性则辨告子为义外之说，论人则讥公孙衍、张仪有妾妇之行，此其所行，疑若为人者。然曰："我欲正人心，息邪说，距诐行，放淫辞，以承三圣者，岂好辩者，予不得已也。"夫大道以多歧而亡羊。诸子之说兴，则圣人之道晦；破异端之妄，即所以显圣学之真。其辩有不容已者，岂徒损人求胜以自喜哉！惟荀子亦然。其所著《非十二子篇》，不特非它嚣、魏牟、陈仲、史鳅、墨翟、宋钘、慎到、田骈、惠施、邓析之徒，乃至子思、孟子，亦并非之，心存砭世救弊，放言不能无偏激之讥。然曰"君子之学也，以美其身，小人之学也，以为禽犊"，曰"有争气者，勿与辩也"，并见《劝学篇》。是其用心，要亦与孟子无殊，谓为人，岂知言哉？由是以言，讲学之风，肇于孔子，宏于孟荀，要多为己。若其为人，乃不得已也。

自汉迄唐，讲学之士少，若汉人传经，虽有家法异同，要为依经述故，不得自成一学。案讲学之"讲（講）"从冓，《说文》："冓，交积材也。"引申有冓今作构（構）。造之义，犹筑屋造器必自成一格局，乃为得也。然则汉儒传经述传，盖与古人讲学之义有不合者矣。惟迨于有宋，周程诸儒并起，始克承当讲学之名。而宋儒之所以异于汉者，要亦在此。汉儒传经，专赖六艺版册，侈于故训，囿于章句。宋儒讲学固亦不违六艺，然其所言，有非六艺所者。程子曰："以书传道与口相传煞不相干。相见而言，因事发明，则并意思一时传了。书虽言多，其实不尽。"又曰："解义理，若一向靠书册，何由得居之安、资之深？不惟自失，兼亦误人。"此非谓讲学有在六艺书册之外者乎？夫以口传道而济书册之穷，乃宋儒之所长，有非汉儒所能及者。世儒不学，乃敢肆言中失，妄诋程朱，亦何惧欤？然而蜩鸠斥鹞之笑，固无所损于鲲鹏也。且既谓讲学，则非离群索居，必多友朋聚处，相与辩难论学，既得切磨造道之实，又有相观取善之功。信乎程子之言曰："朋友讲习，更莫如相观而善工夫多。"盖谓朋友讲习，即于潜移默化之中亦自可取益，固不必耽溺于书册口耳间也。

讲学之风继明于宋，大盛于明，尤以姚江之学与门人弟子遍天下，且多为达官显宦，用能于两都及吴、楚、闽、粤、江、浙之间，设立讲舍，以时会讲，势弥盛焉。其门下虽年老者亦东西奔走，讲学不倦，即如王龙溪畿林下四十余年，无日不讲学，天下推为宗盟，年八十犹不废出游。有止之者，辄对曰："不肖岂真好劳？但念时常处家与亲朋相燕昵，与妻奴佃仆相比狎，以习心对习事，因循隐约，固有密制其命而不自觉者。才离家出游，精神意思便觉不同。与士夫交承，非此学不究；与朋侪酬答，非此学不谈。晨夕聚处，专干办此一事。非惟闲思妄念无从而生，虽世情俗态亦无从而入。……盖欲究极自己性命，自然不得不与同志相切劘。若同志中因此有所兴起，欲与共了性命，则是众友自能取益，非吾有法可以授之也。"即其同时，湛甘泉若水，字元明，增城人。之门下，亦莫不皆然，而甘泉九十余龄犹讲学不辍，尤足兴后学之怀想。孔子曰"学而不厌，诲人不倦，不知老之将至"，宋明诸儒盖有之矣，故曰讲学之盛莫过于明。宋儒有语录，明儒有会语，两者略有不同。语录乃弟子记其师门之言训，会语则为友朋弟子相与会讲之辞而毕录之。

　　然其末流之弊亦有不可胜言者。夫以口相传，易流空论，履霜之渐，宋人早察之矣。程子讲学即不尚多言，尝云"凡立言，欲含蓄意思，不使知德者厌，无德者惑"，又曰："言贵简。言愈多，于道未必明。杜元凯却有此语：'言高则旨远，辞约则义微。'大率言语须是含蓄而有余意，所谓'书不尽言，言不尽意'也。"明讲学徒尚多言，转以害道，此其弊一也。且夫讲学在明道，明道在进德，进德在躬行，不知者务为吊诡高妙之言而不切实，驰逐于形器之外而尘垢乎日用之常，言者闾闾，听者茫茫，此其弊二也。程子曰："语学者以所见未到之理，不惟所闻不深彻，久将理低看了。"又曰："说书必非古意，转使人薄。学者须是潜心积虑，优游涵养，使之自得。今一日说尽，只是教得薄。至如汉时下帷讲诵，犹未必说书。"又曰："学者好语高，正如贫人说金，说黄色，说坚软，说他不是又不可，只是好笑不曾见富人。"说金如此，明好语高正之病，根于"讲"字，故教人撇开"讲"字而专务自得也。朱子曰："若不用躬行，只是说得便了，则七十子之从孔子，只用两日说便尽，何用许多年随孔子不去？不然，则孔门诸子皆是愚无能底人矣。"躬行一段，向所闻于夫子，据以补入。又曰："讲学固不可无，须是更去自己分上做工夫。若只个说，不过一两日都说尽了，只是功夫难。"又曰："前日讲论只是口说，不曾实体于身，故在人在己都不得力。今方欲与朋友说日用之间常切点检气习偏处，意欲萌处，与平日所讲相似不相似，就此痛着工夫，庶几有益。"明进德在躬行，躬行始不蹈空也。元明以降，诸儒有徒尚高言而忽于躬行者，宜其为顾、戴、颜、李所诉病矣。抑讲学必聚徒众，徒众聚而门户立，因有争焉。此弊宋儒亦早见及之。朱子曰："讲论义理，只是大家商量寻个是处，初无彼此之间，不容更似世俗遮掩回护，爱惜人情，才有异同，便成嫌隙。"又曰："前贤据实理以教人，初无立门庭之意。"象山之言尤深切，曰："后世言学者须要立个门户，此理所在，安有门户可立？学者又要各护门户，此尤鄙陋。"

然则孟荀之攻异端，不其与此旨相悖乎？<small>自"然则孟荀之攻异端"至"岂为意气之争邪"一段，向所闻于夫子，据以补入。</small>曰：是又不然。盖异端害正，不可不攻，犹稂莠乱禾，不可不耨然也。顾必待自明而后始可明人，自治而后始可治人，若己未明而欲明人，己未必是而欲正人，庸有当乎？《春秋》不予乱治乱，此之谓也。朱子曰："异端害正，固君子所当辟。然须是吾学既明，洞见大本达道之全体，然后据天理以开有我之私，因彼非以察吾道之正，议论之间，彼此交尽，而内外之道一以贯之。"象山亦言："今之攻异端者，但以其名攻之，初不知自家自被他点检，在他下面，如何得他服？你须是先理会了我底是，得有以使之服，方合。"夫惟如是，方可攻邪救弊，然犹非谓可以各立门户也。夫理之所在，安容着一纤私意？昔象山与朱子辩论不已，或劝其止者，则曰："汝曾知否？

建安亦无朱晦翁,青田亦无陆子静,所辩者理之正非耳,岂为意气之争邪!"反是则为患,岂可胜言。象山固早逆知之,其言曰:"近日向学者多,一则以喜,一则以惧。夫人勇于为学,岂不可喜。然此道本日用常行,近日学者却把作一事张大虚声,名过于实,起人不平之心,是以为道学之说者,必为人深排力诋,此风一长,岂不可惧。"又曰:"学者先须不可陷溺其心,又不当以学问夸人,夸人者必为人所攻,只当如常人,见人不是,必推恻隐之心,委曲劝谕之,不可则止。若说道我底学问如此,你底不是,必为人所攻,兼且所谓学问者自承当不住。"又曰:"世之人所以攻道学者,亦未可全责他,盖自家骄其声色,立门户与之为敌,哓哓胜口,实有所未孚,自然起人不平之心。"并为李敏求所录。是故南宋庆元间有伪学之禁,朱子亦为群宵所挤,固不可以此罪程朱,然其门人友好张大虚声,名过于实,实有以肇之。

彼宋人讲学犹不过师弟之间相与辩难而已,若明人则广立讲舍,聚徒会讲,不免以声色骄人,遂为异己者所嫉。万历、天启之初两毁天下讲舍,及东林祸作,士大夫且以杀身,岂非树立门户太严之过邪!清初讲学,悬为例禁,实有见于明人讲学之弊,不徒为奴役汉人计也。总兹三弊,厥故惟一,即古之学者为己,而今之学者为人也。盖古人讲学,有时即令为人,亦必是三分为人,七分为己,特以为人为余事耳。若明人聚徒奔走天下,上说下教,强聒不舍,实迹近张狂,尽自谓为己,终与古人不同。昔王心斋"念与人为善,仁人之心,一夫不向于善,过在我也,心斋事生所妄引。思以其道易之。于是制轻车,将周流天下,先诣京师,沿途讲说,人士聚听多感动。朝士以先生车服、言论悉与时异,相顾愕眙。阳明闻之,以书促归,还会稽,自是敛圭角就夷坦。"见李二曲《观感录》。即此足征阳明之卓识,已洞察聚徒会讲之弊矣。

然则讲学可废乎?是又不然。游定夫曰:"张子厚学成德尊,然犹秘其学,不多为人讲之。其意若曰'虽复多闻,不务蓄德,徒善口耳而已',故不屑与之言。明道先生谓之曰:'道之不明于天下久矣。人善其所习,自谓至足。必欲如孔门"不愤不启、不悱不发",则师资势隔,而先王之道或几乎熄矣。趋今之时,且当随其资而诱之,虽识有明暗,志有浅深,亦各有得焉,而尧舜之道庶可驯致。'子厚用其言,故关中学者躬行之多,与洛人并。"夫张子之意未尝不正,而程子必劝其讲学,何也?此无它,公天下之心耳。且孔孟之道讵可至我而绝?孟子曰"守先王之道,以待后之学者",士志于道,岂能以讲学为非乎?是知讲学必不可废,第不可复蹈其失耳。"且夫"以下,生所妄言。且夫所谓学者乃圣贤之学,异端不与焉,讲异端之学者,非吾所谓讲学也。至若窃圣贤之学之名,而其所言所行罔不悖戾圣贤者,尤所不取。盖异端之祸显,而诬妄之害微,显则易绝,微则难辨,初学之士易为所惑，一陷其中，终身莫救，尤可畏也。朱子曰："吾侪讲学，欲上不得罪于圣贤，中不误一己，下不为害于将来。"讲学者宜时味此言，幸勿以学术杀天下后世也。崔与之言。《东见录》云"伯淳尝与子厚在兴国寺讲论终日，而曰不知旧日曾有甚人于此处讲此事"，此明道与横渠两子自得之意可见，夫惟如是，始可谓不负讲学之名焉。

附：《儒林典要》拟收明代诸儒书目

张美和《理学类编》八卷　　　豫章丛书本

赵㧑谦《考古文集》二卷　　　阁本，已发抄

方孝孺《逊志斋集》二十四卷

曹端《月川集》一卷　　　　　阁本，正谊堂全书仅列
　　　　　　　　　　　　　　目而未刻

薛瑄《读书录》十一卷
　　　《续录》十二卷

王恕《石渠意见》　　　　　　惜阴轩丛书本

周琦《东溪日谈录》十八卷　　阁本

吴与弼《康斋集》十二卷　　　泰藏

胡居仁《居业录》八卷　　　　泰藏

陈献章《白沙子集》十卷　　　泰藏

夏尚朴《东严集》六卷　　　　阁本

魏校《庄渠遗书》十二卷　　　阁本，正谊堂所收非
　　　　　　　　　　　　　　全帙

贺钦《医闾集》九卷	阁本,已发抄
邵宝《容春堂前集》二十卷	阁本,此书卷帙太繁,拟
《后集》十四卷	专刻文而不刻诗则可省
《续集》十八卷	大半
《别集》九卷	
陈真晟《剩夫集》四卷	正谊堂全书本,阁本亦据张伯行所进,当无不同
罗伦《一峰集》十卷	泰藏
庄昶《定山集》十卷	泰藏
章懋《枫山集》四卷附录一卷又语录一卷	金华丛书本
张吉《古城集》六卷补遗一卷	阁本,此书或专刻其《陆学订疑》一卷亦可
蔡清《虚斋集》五卷	阁本
何瑭《柏斋集》十二卷	阁本
崔铣《洹词》十二卷	阁本,士翼已抄成
又《士翼》四卷	
罗钦顺《困知记》二卷	泰藏
续记一卷附录一卷	
王守仁《文成公全书》三十八卷	
湛若水《甘泉集》三十二卷	泰藏

王畿《龙溪集》二十卷　　　　　　泰藏

王艮《心斋集》　　　　　　　　　泰藏

薛侃《中离集》　　　　　　　　　泰藏

欧阳德《南野文录》　　　　　　　泰藏

周怡《讷溪集》　　　　　　　　　泰藏

唐枢《一庵语录》一卷　　　　　　泰藏

韩邦奇《苑洛集》二十二卷　　　　泰藏

蔡汝《汸滨集》　　　　　　　　　泰藏

吕柟《泾野子内篇》二十七卷　　　阁本

黄佐《泰泉集》十卷　　　　　　　阁本

张岳《小山类稿》二十卷　　　　　阁本

徐问《读书札记》八卷　　　　　　阁本，已抄成

罗洪先《念庵集》二十二卷

张元忭《阳和集》三集　　　　　　正谊堂全书本，此书未
　　　　　　　　　　　　　　　　见他刻

胡直《胡子衡齐》八卷　　　　　　豫章丛书本

杨爵《忠介集》十三卷附录三卷　　乾坤正气集本

温纯《恭毅集》三十卷　　　　　　阁本，此书卷帙稍繁，或
　　　　　　　　　　　　　　　　专刻其语录一卷亦可

吕坤《呻吟语》六卷

罗汝芳《盱坛直诠》　　　　　　　已刻

赵贞吉《文肃集》

顾宪成《端文公遗书》三十七卷　　泰藏

　　又《泾皋藏稿》二十二卷

顾允成《小辨斋偶存》八卷　　　　阁本

　　附《事定录》三卷

高攀龙《高子遗书》十二卷附录

　一卷

邹元标《愿学集》八卷　　　　　　泰藏

冯从吾《少墟集》二十二卷　　　　泰藏

赵南星《味檗斋文集》　　　　　　畿辅丛书本

曹于汴《仰节堂集》十四卷　　　　阁本

钱一本《黾语》四卷　　　　　　　泰藏

管志道《学蔀辨》　　　　　　　　泰藏抄本,四库杂家存

　　　　　　　　　　　　　　　　目有志道《问辨蔀》四

　　　　　　　　　　　　　　　　卷、《续问辨蔀》四卷,当

　　　　　　　　　　　　　　　　即一书。但此抄本是否

　　　　　　　　　　　　　　　　全帙,尚待查对

　　又《东溟粹言》、《周易六龙解》　已刻

耿定向《天台集》二十卷　　　　　泰藏

焦竑《澹园正、续集》二十二卷　　金陵丛书本

周汝登《东越证学录》　　　　　　泰藏

黄道周《榕坛问业》十八卷　　　　阁本,已抄

刘宗周《刘子全书》

金声《忠节集》　　　　　　　　乾坤正气集本较单行家
　　　　　　　　　　　　　　　　刻本多语录一卷

黄淳耀《陶庵全集》二十二卷　　泰藏

以上所列皆已见刻本或阁本所有者。其四库未收及刻本未见如《钱绪山集》、《邹东廓集》之类皆未列入。或收入丛书而实非全帙，如《学海类编》有薛方山《纪述宝颜堂秘笈》，有焦弱侯《支谈》，并皆节本，即亦未列。又文集虽存，而既有专著，求其学不必定于其文者，如薛敬轩、胡居仁、罗整庵、吕心吾皆有文集，以既收《读书录》、《居业录》、《困知记》、《呻吟语》，其集即未列。其刻本多者亦不注，某本卷数不明无从检查者则暂从略。

　　　　　　　　　　　　钟泰识，三十四年十月七日

编者按：《理学纲领》据钟泰手稿整理，标题下写有"江宁钟钟山先生述　程希圣谨记"十三字。《〈儒林典要〉拟收明代诸儒书目》据油印本整理，纸张左下方印有"复性书院"四字。钟泰先生在1945年10月7日所记"日录"中写道：《儒林典要》明儒书目拟就，约六十余部，即交湛翁酌定。"湛翁即马一浮，号湛翁。